国家出版基金项目
NATIONAL PUBLICATION FOUNDATION

辛亥著名人物传记丛书

郑大华 任 青 著

# 孙中山

团结出版社
UNITY PRESS

©团结出版社，2011年

**图书在版编目（CIP）数据**

孙中山 / 郑大华，任青著. -- 北京：团结出版社，
2011.6（2026.1 重印）
（辛亥著名人物传记丛书）
ISBN 978-7-5126-0409-4

Ⅰ. ①孙… Ⅱ. ①郑… ②任… Ⅲ. ①孙中山（
1866~1925）- 传记 Ⅳ. ①K827=6

中国版本图书馆 CIP 数据核字(2011)第 058860 号

责任编辑：王大可 牛 浩
封面设计：阳洪燕

出　　版：团结出版社
　　　　　（北京市东城区东皇城根南街 84 号　邮编：100006）
电　　话：（010）65228880　65244790（出版社）
　　　　　（010）65238766　85113874　65133603（发行部）
　　　　　（010）65133603（邮购）
网　　址：http://www.tjpress.com
电子邮箱：zb65244790@vip.163.com
经　　销：全国新华书店
印　　装：三河市东方印刷有限公司

开　　本：170mm×240mm　　16 开
印　　张：15.25　　　　　　字　　数：199 千字
版　　次：2011 年 6 月 第 1 版　　印　　次：2026 年 1 月 第 5 次印刷

书　　号：978-7-5126-0409-4
定　　价：39.00 元
　　　　　（版权所属，盗版必究）

# 辛亥著名人物传记丛书
# 总序言

整整一百年前，在中国处于半殖民地半封建黑暗统治的时代，爆发了一场对中国历史发展进程产生巨大影响的革命，这就是以伟大的革命先行者孙中山为代表的革命党人发动的辛亥革命。这场革命，是中国近代历史上一次比较完全意义的反帝反封建的民族民主革命，它推翻了清朝政府，结束了中国几千年的封建君主专制制度，同时沉重打击了帝国主义在华侵略势力。中华民国的建立，标志着中国历史进步的新纪元。辛亥革命极大地推动了中华民族的思想解放，为中国先进分子探索救国救民的道路打开了新的视野，八年后，五四运动爆发；十年后，中国共产党诞生。辛亥革命开启的革新开放之门，对于推动中国社会的发展与进步具有不可估量的历史功绩和伟大意义。

以孙中山为代表的革命党人，在开启思想闸门、传播先进思想、点燃革命火种、推动历史进步的过程中发挥了重要作用。他们站在时代前列，为追求民族独立和民主自由而向反动势力宣战；他们不惜流血牺牲，站在斗争一线浴血奋战；他们具有坚定的信念和坚强的意志，愈挫愈勇，在失败中不断汲取和凝聚新的力量；他们适应历史发展的趋势，与时俱进，不断修正前进的方向和斗争的目标。正是因为有了这样一批革命先驱和仁人志士，才有了辛亥革命的爆发，也才有了以此为开端的中国民族民主革命的不断发展和最终胜利。当然，我们在分析评价历史人物时，既要看到他们有超越时代的进步性，又要看到他们不可避免地受到社会客观条件影响而具有的局限性与片面性，这是我们在看待历史人物时应当坚持的历史唯物主义态度，也就是既不文过饰非，也不苛求前人。

几十年来，关于辛亥革命及其重要人物的研究工作不断深入，也陆续出版了大量的图书、画册等，但仍然不十分系统和完整，有些出版物受到时代因素和其他客观条件的影响，难免有失偏颇和疏漏。在即将迎来辛亥革命100周年的时刻，团结出版社编辑出版了本套《辛亥著名人物传记丛书》，并得到国家出版基金的资助，这充分表明了国家对于辛亥革命历史研究的重视。这套丛书的出版，无疑是一件非常有意义的事，既可以对辛亥革命的研究工作起到重要的填补空白和补充资料的作用，同时也是对立下丰功伟绩的仁人志士的纪念与缅怀。

为了保证本套丛书的编辑质量，编辑委员会在民革中央的领导下，做了大量认真细致的组织工作，特别是邀请了著名专家金冲及先生、章开沅先生、李文海先生担任顾问，他们在百忙之中分别对本套丛书的编辑思想、人物范围、框架体例、写作要求等方面提出了重要的指导性意见，成为本套丛书能够高质量出版的重要保证。此外，参与本套丛书写作的，都是在近代历史和人物的研究方面卓有建树的专家学者，他们既有对辛亥革命历史进行深入研究的学术功底，又有较丰富的写作经验和较高的文字水平，因此，我们可以寄希望于本套丛书的出版，会对推动辛亥革命及其重要人物研究工作的不断深入起到重要作用，对弘扬爱国主义、提高民族凝聚力，实现中华民族的伟大复兴产生积极的影响。

周铁农

2011 年 3 月 16 日

# 目　录

引　言

## 孙中山

# 引 言

伟大的革命先行者孙中山先生，作为近代中国革命先驱的代表人物受到海峡两岸全体中国人的敬仰和爱戴。尽管大陆和台湾社会制度不同，但全体中国人都对孙中山无比崇敬。在台湾，孙中山被称为"国父"，其照片、语录在公共场所随处可见；在大陆，每当中华人民共和国国庆日和"五一"节，天安门广场人民英雄纪念碑的前方都要树立孙中山的巨幅画像，表达人民的怀念和敬仰。孙中山的诞生和逝世纪念日，两岸也都要举行各种各样的纪念活动。

孙中山先生同样受到全世界人民的尊敬和热爱。他逝世时，社会主义的苏联、资本主义的英美以及全世界许多国家和地区都举行过悼念活动，各国的政治家和著名学者、社会活动家纷纷发表谈话和文章，高度评价他的一生。现在，孙中山研究已经成为世界学术的一门显学。据统计，世界各地有关孙中山的著作和传记超过一千种，并被译成英、日、法、俄、意、德、西班牙等多种文字，仅《三民主义》就有八百种版本，各主要大国都有研究孙中山的学会或其他有关学术团体。

孙中山所以会受到全体中国人的敬仰和爱戴，受到全世界人民的尊敬和热爱，原因就在于他领导中国人民推翻了清王朝的统治，结束了两千多年的封建帝制，建立起民主共和国；在于他实行联俄、联共、扶助农工的三大政策，改组国民党，实现了国共第一次合作；在于他"适乎世界之潮流，合乎人群之需要"，一生追求进步，为中国的独立、民主和富强贡献了毕生精力；在于他热爱和平，主持正义，光明磊落，天下为公，促进了人类进步事业的发展；在于他廉洁奉公，一身正气，严于律己，宽以待人，不以权谋私、"不欲于社会上独占特别阶级"的高尚品格。

孙中山是一位著名的革命家，也是一位著名的思想家。就革命家而言，他领导和发动辛亥革命，推翻了清王朝；维护民主共和，是二次革命、护国运动和护法运动的领导者，并在晚年改组国民党，实现了国共第一次合作。从思想家来看，他集古今中外之大成，创立了"三民主义"理论，撰写了《建国方略》，以"孙文学说"推动心理建设，以"实业计划"推动物质建设，以"民权初步"推动社会建设。但就这两者相比，孙中山更是一位著名的革命家，他在中国近现代历史上的重要地位主要是因为他的革命活动，他的思想说到底是为他的政治活动服务的，也是在他的政治活动中逐渐形成和完善的。这也是本书没有把他的思想和政治活动分开来写，而是将其思想、言论、著述与活动融为一体的原因所在。

孙中山

## 第一章

# 时代、家庭与童年

动荡的时代

贫困的家庭

苦难的童年

## 一、动荡的时代

1866 年 11 月 12 日天刚破晓，广东省香山县（今中山市）翠亨村的一间低矮的屋子里传出了新生婴儿哇哇的啼哭声，中国民主革命的先行者、中华民国的创始人孙中山先生来到了人世间。

这一年是英法联军劫掠圆明园，侵入北京后的第 6 年，也是第一次鸦片战争爆发后的第 26 年。26 年前，英国发动了鸦片战争，并迫使战败的清王朝与它先后签订了丧权辱国的《南京条约》和《虎门条约》，割让领土，开放口岸，出卖主权，给英国等西方列强以片面最惠国待遇。与此同时，美国和法国也趁火打劫，强迫清政府与它们分别签订了包括扩大领事裁判权、片面协定关税等内容在内的《望厦条约》和《黄埔条约》。从此，中国从一个独立自主、领土完整的社会一步步地变成了一个半殖民地半封建社会。到孙中山出世之时，由于西方列强的不断侵略，尤其是清王朝在第二次鸦片战争中的再次惨败，这种半殖民地半封建社会状况加深了。孙中山出生后，西方列强又多次发动侵略战争，其中比较大的就有 1884 年的中法战争、1894 年的中日甲午战争、1900 年的八国联军侵华战争，每次战争都极大地损害了中国主权，给中国人民带来了沉重灾难，使中华民族面临着日益严重的生存危机。

中国之所以会从一个富强文明的国家逐渐沦为饱受西方列强凌辱的半殖民地，与当时统治中国的清政府的腐败、昏庸、妥协、卖国不无关系。清政府是中国历史上最后一个封建王朝，在它建立的前期也曾有过辉煌的盛世，无论经济、军事和学术方面都取得过巨大成就。然而从 18 世纪下半叶开始，它则走上了衰败的道路。吏治日益腐败，大小官吏贪风炽盛，营私舞弊，贿赂盛行；军队也很腐化，武备早已废弛。上自皇帝宰辅，下至督抚县令，充斥着昏庸虚骄之辈，他们热衷于闭关自守，乐道于天朝大国，却不愿放眼世界，虚心向外国学习。而当西方列强打上门来，他们先是狂妄自大，以为这些洋夷没有什么了不起，一旦前方军事受挫，则又大惊失色，进退失措，以至妥协投降，和列强签订一个又一个卖国条约。到19世纪末20世纪初，清王朝已经成了西方列强掠夺中国人民的傀儡和工具。

当然，西方列强把中国变为半殖民地的过程，也是具有反抗外来侵略传统的中国人民与外国侵略势力及清王朝进行斗争的过程。第一次鸦片战争期间，东南沿海人民就曾自发地组织起来，反抗过英国的侵略。1851年爆发的洪秀全领导的太平天国运动，最后虽然在清王朝和外国侵略势力的联合进攻下失败了，但却动摇了清王朝的统治根基，促进了中华民族的觉醒。孙中山出生的那一年，是太平天国都城天京（今南京）被曾国藩指挥的湘军攻陷、太平天国运动失败后的第三年，太平天国余部与捻军联合，分成东西捻军，仍在与清军作战。孙中山两岁时，东西捻军先后被清军镇压下去。此后的二三十年间，虽然再没有爆发过大规模反抗清王朝和外国侵略者的起义，小规模的斗争仍是连绵不断，在全国各地此起彼伏。

自西方列强侵入中国，力图把中国变为它们的殖民地半殖民地的那天起，一些中国人也开始了向西方寻找救国救民真理的艰难历程。第一次鸦片战争爆发前夜，钦差大臣林则徐为了了解和研究西方国家的情况和动态，组织幕僚翻译了英人慕瑞的《地理大全》，经他润色，编成《四洲志》。继林则徐之后，魏源、姚莹、徐继畲、梁廷枏等人于战争后不久也分别编写了介绍和研究西方国家的政治、经济、军事、教育、文化等各方面情况的《海国图志》《康輶纪行》《瀛寰志略》《海国四说》等著作，魏源提出了"师夷之长技以制夷"的主张。进入19世纪五六十年代，冯桂芬在他的《校邠庐抗议》中根据自己对西方的了解，认为中国"人无弃才不如夷，地无遗利不如夷，君民不隔不如夷，名实必符不如夷，船坚炮利不如夷"，并主张采西学，制洋器，进行政治、经济、军事、教育等一系列改革。几乎同时，太平天国干王洪仁玕依据自己流亡香港期间对资本主义的认识，向天王洪秀全提出了一个具有鲜明的西方色彩的统筹全局的方案——《资政新篇》。接着，湘淮军统领曾国藩、左宗棠、李鸿章等人，在朝廷恭亲王奕䜣的支持下，开始引进西方机器，兴办军事和民用工业，编制新式海陆军，派留学生去西方留学，开始所谓的洋务运动。随着洋务运动的兴起和开展，一些积极从事或依附洋务事业的开明士大夫，愈来愈对曾、左、李等人只主张引进西方科学技术，而反对向西方学习，对中国传统的政治、经济和教育制度进行改革的做法感到不满，他们成了中国早期的维新思想家或维新派，其主要代表人物有王韬、薛福成、马建忠、郑观应等。他们的代表性著作分别为《韬园文录外编》《筹洋刍议》《适可斋记言记行》《盛世危言》。早期维新思想家不仅具有强烈的反对外国侵略、希望中国独立富强的爱国思想，而且还有一定程度的反封建专制制度的民主思想，他们在自己的著作中对西方的君主立宪制度和国会制度作过较为详尽的介绍。孙中山后来和他们中的一些人如王韬、郑观应有过交往。到了甲午战争后，以康有为、梁启超为代表的维新派登上历史舞台，发动和领导了戊戌变法运动，他们要求兴民权、设议院、变革封建专制制度、发展工商业。戊戌变法虽然因顽固派的反对而失败，但近代中国人向西方寻找救国救民真理的历程并未因此而终结，此后向西方寻找救国救民真理的接力棒传到了孙中山和以他为代表的革命派的手里。

## 二、贫困的家庭

孙中山出生在广东香山县翠亨村一个贫困的佃农家庭。

香山县位于广东珠江三角洲南部，濒临南海，南通澳门、香港，北通广州，交通非常便利，属于亚热带气候。相传香山二字是由于该县山中盛产沉香而得名。翠亨村是香山县东南部的一个小村落，村民以杨姓陆姓居多，姓孙的只有六七户，村中绝大多数土地集中在几户地主手中，如做过银行买办的陆仁东、贩卖猪仔的暴发户杨启，都拥有三百亩以上的土地。翠亨村土地多贫瘠，又常旱涝失收，许多农民被迫背井离乡，到澳门、香港、檀香山、南洋一带去谋生。

　　孙中山的家境从祖辈时起就非常贫困。他的祖父孙敬贤（1789—1850）是一个没有土地的佃耕农。他的父亲孙达成（1813—1889）为了生活，16 岁时去了澳门，先是在一家缝纫店当裁缝，后又在外国人开设的一家鞋店里当鞋匠，每月只拿 4 元的工钱。他一直干到 32 岁，当有了一点积蓄时才回到家乡，与附近的隔田乡（今崖口乡）农民杨胜辉的女儿杨氏（1828—1910）结婚。杨氏是一位温柔善良而又非常勤劳俭朴的农村妇女，

翠亨村的村庙——北极殿。孙中山就出生在庙南边的一个小院落里

不仅料理家务，还要经常下地干活。孙中山的父亲有两个弟弟，一名孙学成（1821—1864），另一名孙观成（1831—1867）。他们因在家乡难于谋生，只好离乡，先后远赴美国旧金山当苦力，最后却身遭不幸，一个病逝在异地，另一个因船出事葬身大海。

孙中山共有同胞兄妹四人，他排行第三，上有哥哥孙眉（1854—1915）和姐姐孙妙茜（1863—1955），下有妹妹孙狄绮（1871—1912）。加上他的父母和祖母，全家共七口人，拥挤在村边一间简陋而低矮的泥砖屋里。家里没有耕地，父亲孙达成便佃租了别人的二亩半耕地，同时还兼做村中更夫，为村里人打更报时，一年可得谷12石，济补家里，村里人如有红白喜事，他父亲也常去帮忙。尽管孙中山的父母一年到头起早贪黑，辛勤劳动，哥哥、姐姐和他本人也常帮助干活，但全家还是吃不饱、穿不暖，只能维持半饥寒的贫困生活。他3岁那年，刚刚15岁的哥哥迫于生计，便到离翠亨村三里远的南萌村一户地主家做长工。后来由于受不了东家的虐待，17岁时就随舅舅杨文纳远渡重洋，跑到檀香山（当时华侨对位于太平洋中部的夏威夷群岛的泛称），先在一个农场当雇工，后到夏威夷群岛五大岛之一的茂宜岛（Maui）垦荒，他凭着自己的智慧和勤劳慢慢地发了迹，最辉煌时有牧场两万多亩，雇工一千多人，牛马猪有百头，人称"茂宜王"。孙眉发迹后，经常寄钱回家，到这时孙家的经济状况才有了根本好转而脱离贫困。


## 三、苦难的童年

孙中山乳名帝象。此名之由来，有多种说法。一说当时香山一带有给新生婴儿拜某神佛为谊父母，以求神灵保佑的习俗，孙中山的母亲杨氏平日信奉"北方真武玄天上帝"为"契爷"，长子孙眉取名帝眉，次子孙中山取名帝象，藉获神明保佑，健康成长。另一说孙中山帝象的乳名是其祖母黄氏取的，象之意义采取义于某山形状。而据孙中山自己的解释，是因为他母亲平日供奉关帝像，又生平信佛，于是给他取乳名帝象，望他将来像关帝一样。1876年启蒙读书，塾师为他取名孙文。也有另一种说法，孙文是他父亲为他取的学名。1883年孙中山17岁时取号"日新"，1885年时，又取字"德明"，第二年他到香港上学，其国文老师区凤墀按日新的粤语谐音为他改号"逸仙"。此后，他在与外国人的交往中时常用这个名字，故西方学者至今仍称他为孙逸仙。孙中山是他1897年在日本从事革命活动时，有次住旅馆用的日本化名，本来全名是中山樵，后因中山樵是日本人的名字而改为孙中山。从此"孙中山"就成了当时和后世人对他的尊称。而孙中山本人则很少用这个名字，他用得最多的是孙文。除上述这些名字外，孙中山在革命中还用过其他一些化名，如陈载之、陈文、高远生等。

由于家庭贫困，孙中山6岁起就经常跟随比他大3岁的姐姐孙妙茜帮助父母干一些力所能及的劳动，如打猪草、拾猪粪、下地割草、上山打柴等。年纪稍大一点，则下田插秧、除草、打禾、排水，样样农活都干。另外，每年还要上山给别人放几个月的牛，以抵偿家里租借别人的牛耕地的工价。有时，他也去邻村跟着外祖父杨胜辉驾船出海捞蚝。

孙中山小时候，因家里穷，很少穿鞋子，不管是大热天还是大冷天，都是赤脚，冬天时，脚经常被冻得长满冻疮，走起路一拐一拐的。家里也没有米饭吃，因为米饭太贵，吃不起，经常吃的是大白薯，就是大白薯也没有饱的吃，挨饿对于童年的孙中山来说是家常便饭，经常发生。由于他家只有一间低矮的房子，几个孩子长大后家里实在容纳不下，有一段时间，孙中山晚上只好借宿邻居杨成发家中，晚上睡觉也没有被子盖。童年艰辛的生活在孙中山幼稚的心灵上烙下了深刻的印痕，他后来曾不止一次地对人说过，自己是苦力的儿子，自己也是苦力，是和穷人一起长大的。同时，童年的苦难生活也使孙中山对农民的艰辛有了切身体验，并随着年龄的增长开始朦胧地认识到没有耕地是农民遭受苦难的重要原因，这种体验和认识对他后来三民主义思想的形成产生过重要影响。他曾经明确指出，自己提出"平均地权"的主张，与之"幼时境遇之刺激有关"，如果自己"非生而为贫困之农家子"就很可能将如此重大问题忽略过去。

童年时代给孙中山留下深刻印象的还有翠亨村一名叫冯爽观的老人讲的太平天国的故事。冯爽观老人曾经跟随洪秀全攻打过清军，太平天国失败后才辗转回到故里。老人非常怀念那段战斗岁月，只要有空他就坐在孙中山住屋前的那棵大榕树下，一边乘凉，一边眉飞色舞地给孩子们讲天王洪秀全、讲杨秀清、讲金田起义、讲定都天京、讲西征北伐、讲太平军大破清军江南江北大营、讲太平天国的失败。每当这时，孙中山总是一声不响地拿个凳子坐在老人的身旁，眼睛一眨一眨地听得非常认真。有一次当听到兴奋处他突然脱口而出："洪秀全灭了清政府就好了！"冯爽观老人也特别喜欢孙中山，喜欢他的聪明，他经常摸着孙中山的头说："你真是洪秀全第二啊！"也许老人只是有感而发，并没有把这当回事，但孙中山则一直把老人的话牢记在心里，他崇拜洪秀全，决心长大后要像洪秀全那样干一番惊天动地的大事业。后来，他在香港学医时，还常提到洪秀全，以"洪秀全第二"自命。翠亨村一带有三合会，是反清的秘密会党组织，孙中山经常去观看三合会练武，回到家里也和小伙伴们一起舞拳弄棒，嘴里还直嚷着，说长大后要去打满洲仔。

孙中山从小就喜欢观察社会、思考问题。他看到香山县的差役到翠亨村来，不是收税，就是催粮，或者拿着绳索抓人。人民交纳的钱粮和捐税，年年增多，但官府不仅没有给老百姓办一件好事，而且还经常敲诈勒索，鱼肉百姓。翠亨村有一姓杨的三兄弟，早年到国外做苦力积蓄了一些钱财，后来回到故乡，置办了一些田产，还修了一栋漂亮的房子，房子后有一座满是花草树木的花园，村里的孩子喜欢到花园里捉迷藏或玩其他游戏。有一天，县里的官兵到村里办案时，乘机诬蔑杨姓三兄弟通匪，把他们抓进了大牢，判了死刑，家里的财产被官兵洗劫一空。还有一次，翠亨村一户归国侨商遭到海盗们的抢劫，侨商到县衙报案，县衙理都不理。孙中山对这两件事特别气愤，并开始思考这样一个问题：既然官府不能保护老百姓生命财产安全，而且还胡作非为，那还有什么存在的理由呢？

在中国传统社会，妇女有缠足的陋习，女孩子一般长到六七岁就要用布紧紧地把脚缠起来。孙中山母亲的双脚就缠得又瘦又小，做起活来非常不便，他姐姐孙妙茜由于小时候要帮家里干活，所以直到十四五岁才开始缠足。这时脚已长大，硬要用布把它缠小，就更加受罪，脚经常被缠得流血。孙中山看到姐姐常常因缠足而痛苦得呻吟不止，心中十分不忍，他有次对母亲说："姐姐的脚长得好好的，为什么要用布把它包裹起来，你看姐姐疼得死去活来，就不要让她再包脚了。"母亲却无可奈何地告诉他："孩子，妈妈也不想让你姐姐活受罪，但不缠足是不行的，习俗就是这样，谁敢违背。"孙中山虽然没能说服母亲，使姐姐解脱缠足带来的痛苦，但他认定缠足实在是毫无理由的，并暗自发誓，长大后一定要废除这一延续了一千多年的陋习。1912 年他出任中华民国第一任临时大总统时，令内阁部通饬各省的政令中，有一项就是劝禁妇女缠足。

除妇女缠足外，当时香山一带还有蓄奴的陋习。翠亨村就有三户有钱人家蓄有奴婢。这些奴婢都是穷苦人家的子女，因生活所迫被父母卖到东家后，受尽凌辱和折磨，过的是牛马不如的非人生活。孙中山对这种买卖、虐待奴婢的现象，表示了极大的愤慨。有一次村中的人聚在一起边乘凉、边闲聊，当有人谈到奴婢的问题时，孙中山突然站了起来，大声地说："家里养奴婢是违背常理的、不人道的，应该废除。"

小时候的孙中山还特别大胆和机灵。有一天清晨，母亲叫他去给离翠亨村十多里路的"三乡"一家亲友送东西。他挎着一个大竹篮，嘴里哼着儿歌，一蹦一跳地沿着乡间小道向前走去。当他走到一个一面临海三面环山的山坳时，一个又高又瘦脸上长满络腮胡子的陌生人跟了上来。那个陌生人紧走几步满脸堆笑地对孙中山说："小家伙，你这么早要去哪里呀？"孙中山说自己要去"三乡"给一家亲戚送东西。陌生人说："正好我也去'三乡'，我们同路，一起走吧。"没走多远，那个陌生人伸手要帮孙中山提篮子，孙中山没有让他提。这时，孙中山想起出发前母亲曾再三叮嘱他，说这一带地势偏僻，人烟稀少，常有人贩子出没，要他加倍小心。他见这个人贼眉鼠眼，不像个好人，心里顿时警觉起来。当快到一个叫"河头浦"的村头时，他突然加快脚步向村里走去，并回头对那陌生人说："阿叔，我要送些东西给住在这个村子里的一个亲戚，你等等我，我马上就回来！"那陌生人欺负他人小，不会有什么心计，便回答他说："好！我在这儿等你，你快点回来。"不一会儿工夫，孙中山领了几个人回来了。大家上前拦住那个陌生人，问他是干什么的？盘问的结果，那人果真是个专门绑架小孩去贩卖的人贩子。

因为家庭贫困，孙中山到了10岁才到本村冯氏宗祠内的私塾读书。和那时千千万万个启蒙学童一样，孙中山读的也是《三字经》、《千字文》和"四书五经"。但和别的孩子不同，他读书特别爱动脑筋，喜欢向老师提问。而那时的教学方式是死记硬背。有一次上《大学》这门课，老师像往常一样摇头晃脑地领读了两遍，就叫学生背诵，而不做任何讲解。其他学生都没有说什么，按照老师的要求一遍一遍地背诵，只有孙中山站起来问老师，《大学》的头一句"大学之道，在明明德"这句话怎样理解？说的是什么道理？老师不仅不回答，而且告诉他对于古时圣贤的书只能读而不能问。孙中山听后很不服气，心想学问学问，想学就要问，为什么圣贤的书就不能问呢？总有一天我一定要把其中的道理弄明白。

## 第二章

# 探索救国道路

求学檀香山

香港"四大寇"

上书李鸿章

## 一、求学檀香山

随着年龄的增长，孙中山对翠亨村闭塞落后的生活愈来愈感到不满，做梦都希望出洋，到外面世界去闯一闯，但他的父亲不同意。他父亲的两个弟弟都是在海外打工死的，甚至连尸体都没有找回来，他的哥哥孙眉又在海外。他的父亲不想让第二个儿子再冒险出洋了。因此，不管他好说歹说，他的父亲就是一句话："不能去！"到了1879年，也就是他13岁那一年，孙中山的希望终于能够实现了。那一年，孙中山的母亲实在想念大儿子，准备去檀香山探亲。孙中山知道后，便乘机提出要和母亲同行，一来可以路上照顾母亲，二来可以增长见识。他的理由合情合理，父亲也不好再加反对。6月的一天，13岁的孙中山，穿着一件土布衣服，拖着一条大长辫，与母亲一道从澳门登船，去檀香山看望已经在那里发了财的大哥孙眉。浩瀚无垠的大海使从未离过家门更没有坐过船的孙中山眼界大开，他后来自述当时的情景说："始见轮船之奇，沧海之阔，自是有慕西学之心，穷天地之想。"

檀香山，即夏威夷群岛，由二十多个岛屿组成。位于北太平洋中，介于亚洲和美洲之间。那时的檀香山虽然还是一个君主国家，但受欧美影响，资本主义化已经很深。开始时，孙中山被安排在茂宜岛茄荷蕾（Kahcelui）埠他大哥开设的一家商店里当店员，不久即入基督教监理会在火奴鲁鲁（Honolulu）开办的意奥兰尼学校（男子初中）学习。这是一所英国色彩十分浓重的学校，教师全用英语讲课。孙中山刚入学时一点也听不懂，简直像个聋子哑巴，教师只得用手势表达意思。经过一段刻苦学习，孙中山取得了惊人的进步：已能熟练掌握英语、听课、对话、阅读都不再成为问题。解决了语言这一难题后，孙中山更加努力学习，除完成老师布置的作业外，

青年时代的孙中山

还利用课余时间补习中文，浏览中外书籍，他对有关美国独立战争，尤其是对有关华盛顿、林肯生平的书籍特别感兴趣，希望能从中找到一些救国救民的真理。孙中山对学校的公益活动也非常热心，他参加过学校的救火会活动，入学三年后，学校开设了兵操课，他认为这有利于增强学生体质，提高民族自卫能力，因而每课必到，操练起来十分认真。

孙中山以他勤奋好学、热心公益活动而受到老师和同学们的尊敬，但也有让他苦恼的事情，那就是他和其他中国同学脑后的大辫子经常成为当地同学取笑的话题。有一次，几个同学拽住他的辫子一边使劲往后拉，一边还"马尾巴""牛尾巴"地直嚷嚷，本来孙中山就对当地同学经常拿中国学生辫子取笑非常反感，这几个同学的恶作剧更使他怒不可遏，于是他不顾一切地和这几个同学厮打起来，这几个同学哪是他的对手，几下就把他们打跑了。他虽然取得了胜利，并从此再也没有同学敢拿他的辫子取乐，但孙中山逐渐认识到脑后拖一大辫子确实是一累赘。一天放学回家，他拿了把大剪刀要剪辫子，不料被大哥孙眉发现，受到一顿斥责："蓄辫是我们祖宗传下来的，你剪掉发辫如何对得起列祖列宗。中国是文明古国，辫子不是也很文明吗？"不论孙中山怎样争辩，辫子终究没有剪成。

孙中山在意奥兰尼学校学习了三年,1882 年 7 月自该校毕业。由于他勤奋好学,英语文法考试全年级第二名,在毕业典礼上受到夏威夷国王架剌鸠的奖励,亲自给他颁发了一本中国书籍的奖品。

从意奥兰尼学校毕业后,孙中山在孙眉开的店铺里帮了一段忙。同年秋,他又考入当地的一所高级中学———奥阿厚书院继续求学。奥阿厚书院是檀香山的最高学府,由当地的美国基督教公理会于 1841 年创办,学生大多是传教士子女。孙中山在这所学校所学的科目除西方政治经济学说外,还有各种自然科学知识。

当时正值夏威夷人民反对美国吞并夏威夷群岛的斗争如火如荼蓬勃开展时期,孙中山和当地不少华侨一样积极支持夏威夷人民的正义事业,并受其影响萌发了反殖民主义和要求民族独立的思想。孙中山早年的至交好友陈少白谈到孙中山革命思想的来源时就曾指出:"那时美国常常想把夏威夷群岛吞并,夏威夷人民就天天在那里反抗,侨民看惯了这种事情,当然大受影响,尤其是抱有革命思想的孙中山,他开始认识到中国要富强,中国人民就应该向夏威夷人民学习,起来反抗清王朝的黑暗统治,以西方国家为榜样来改造中国社会。他不仅经常和中国同学议论这些想法,而且还常将自己的这些想法告诉给在孙眉牧场工作的工人。由此,他受到孙眉的责难,兄弟俩不时发生冲突。

孙中山和孙眉更大的冲突是因为孙中山信教引起的。在意奥兰尼和奥阿厚书院里,宗教教育占着很重要的地位,除专门开设有圣经课并由主教亲自讲授外,学生们还要早晚在学校教堂做祈祷,星期天到校外礼堂去礼拜,这两所学校中的绝大多数教师都是教徒。由于耳濡目染,孙中山逐渐对基督教有了信仰,并开始热衷于《圣经》学习和宗教活动。有一次,他还亲手撕毁了哥哥供奉着保佑人们平安出海的关帝神像,认为关云长只不过是三国时代的一个人物,死后怎能降福人间,替人消灾治病?他甚至要接受洗礼，加入基督教。孙中山的这些行为遭到孙眉的坚决反对。为了遏制弟弟日益升腾的宗教感情的发展，他毅然责令孙中山中止学业，立即返回故乡。就这样孙中山结束了他在檀香山四年的求学生涯。

## 二、香港"四大寇"

1883 年 7 月，孙中山离开檀香山回国，他先乘轮船到香港，然后再从香港乘中国沙船回到阔别四年之久的故乡。当年离家时他还是稚气未脱的幼童，而现在他已经成长为受过西方文化教育的 17 岁少年了。

回到家乡后，孙中山一面帮助家庭做些农活，一面在村中继续宣传社会改革的必要。他告诉乡人："一个政府应该替老百姓办好事，老百姓交了税，就应该看到政府所兴办的学校，修建的桥梁和马路，清政府除了收税催款外，又替老百姓干了些什么呢？"他呼唤乡亲们不能再听任官吏的摆布，要为自己的利益而斗争。他还用自己学到的知识，热情地在村里进行了一些改良乡政的活动，如修筑道路、打更防盗、发动村集资安装街灯等。有一次，为了破除村民的迷信观念，他和好友陆皓东将村庙中供奉的泥菩萨打坏。

孙中山打坏泥菩萨的行为在村中引起轩然大波，致使他在家乡无法再待下去了，于是被迫去了香港。不久（1883 年 11 月）即进入香港英国圣公会主办的拔萃书室（男子中学）学习，攻读高中课程。第二年的 4 月 15 日，他转到另外一所设备较完善的中等学校——中央书院（1884 年改名为域多利书院，1894 年改名为皇仁书院）继续高中学业。这是一所港英当局所办的中学，校长、教员均来自英国著名大学，思想比较开放。孙中山在这里认真学习各门课程并攻读中外书籍，尤其对西方国家政治、历史、文学书籍涉猎广泛，爱不释手，从而进一步掌握了西方文化知识，加深了对西方科学、社会及政治制度的了解。由于他涉猎群书，知识面广，同学们给他取了一个"通天晓"的绰号。

尽管他在香港接受的是殖民教育，也非常向往西方的现代文明，但这并没有模糊他的爱国思想。1883年12月至1885年5月期间，由于法国的侵略，爆发了中法战争。自战争开始，孙中山就十分关注战局的发展，尽可能搜集报刊的有关文章阅读。他为中国人民所表现出来的不屈不挠反击外来侵略的爱国精神而欢欣鼓舞。当爱国将领、广西提督冯子材率领清军取得谅山大捷的消息传来时，他激动得好几晚睡不着觉，他也为清政府在战局对中国十分有利的情况下与法国签订投降卖国的《中法新约》，致使中国不败而败而痛心疾首。他对腐败的清王朝的卖国嘴脸有了进一步的认识，从而更坚定了他"倾覆清廷"、改革中国社会的决心和勇气。

1886年夏，孙中山修完中学课程，自中央书院毕业。经过慎重思考，他决定学习医科。因为他认为"医亦救人之术"，要谋国家强盛，首先要谋健康的国民，所以应该从学医着手进行拯救中国的活动。是年秋，经人介绍，他进入美国基督教长老会所办广州博济医院附设学校（今广州中山医科大学孙逸仙纪念医院）学习。

孙中山在医校学医期间，除攻读医学知识外，仍很重视其他知识的学习，并于课余时间请了一位老师为自己讲授中国经史。在学校里，他还结识了一位与"会党"有密切交往的同学郑士良。郑士良和孙中山一样，也具有反清思想，所以二人一见如故，十分投机。以后孙中山在革命过程中联络会党起事，得到郑士良不少帮助。当时这所学校虽然男女合班上课，但分开坐，中间挂有幔帐隔开，教师带学生到妇科临床实习，只许外国学生去，中国学生不准参加。对此，孙中山大为不满，闹到校长处。他问校长："同是学生，为什么不允许我们中国学生到妇产科临床实习？"校长回答说："你们中国人男女授受不亲，有礼教之防，外国人没有这些。"孙中山问校长："学医是不是为了救人？"校长答："是。"孙中山理直气壮反问道："既然学医是为了救人，如果中国妇女有病，难道中国医生就不应该医救？究竟是救人重要，还是礼教重要？"校长被他问得无言以对，自知理屈，只好下令允许中国学生诊查妇科，并且将课堂里为了隔离男女学生而挂的幔帐也摘除了。

孙中山在广州博济医院附设医校只学习了一年，第二年10月就转学去了第一次招生的香港西医书院继续深造。他转学的原因有两个：一是博济医院附设医校的教学质量不能使他满意；二是广州作为两广总督所在地，清统治力量无所不在，言论和行动都不如香港自由。

香港西医书院附设于雅利氏医院内。孙中山在这里一待就是整整五年，在这五年的时间里，他除刻苦钻研医学知识外，还广泛阅读了大量的中西文著作，尤其喜读《法国革命史》和达尔文的《物种起源》，甚至达到了废寝忘食的地步。这两部书对他的影响很大，达尔文的积极进化论和欧美的天赋人权理论在很长的一段时间内成了他从事反清革命的思想武器。他还常将地图挂在墙上，频频注视，深慨美好江山付之非人。

在香港读书期间，孙中山经常利用课余和节假日，往来于广州、澳门和香山等地，广泛结交朋友，共同探索救国救民的真理。在他所结交的朋友中，陈少白、尤列、杨鹤龄三人和他最志同道合，他们经常在一起高谈造反覆满，兴高采烈，时人咸以"四大寇"称之。后来孙中山在《建国方略》中曾这样记述当时的情况："数年之间，每于学课余暇，皆致力于革命之鼓吹，常往来于香港、澳门之间，大放厥辞，无所忌讳，时闻而附和者，在香港只陈少白、尤少纨、杨鹤龄三人，而上海归客，则陆皓东而已。若其他之交游，闻吾言者，不以为大逆不道而避之，则以为中风病狂相视之。予与陈、尤、杨三人常住香港，昕夕往还，所谈者莫不为革命之言论，所怀者莫不为革命之思想，所研究者莫不为革命之问题，四人相依甚密，非谈革命则无以为欢，数年如一日。"当时和孙中山交往密切的还有他的同村老乡、在上海电报局任报务员的陆皓东和他在广州博济医院附设学校的同学、此时已回到归善淡水开设西药房、积极联络会党工作的郑士良。陆皓东和郑士良也具有"造反覆满"的革命思想。

由于学医勤奋，孙中山在香港西医书院历年的考试成绩，均名列前茅。1892 年 7 月，他参加了第五学年考试，这也是他在西医书院的最后一次考试。考试结果又获第一。在毕业典礼上，他以成绩最优秀而获得教务长康德黎颁发的西医书院第一名毕业执照，并得到《婴儿与儿童之病症》《外科肾症》《神经之损伤与病症及其治疗》三本书的奖励。毕业典礼结束后，康德黎又特别设家宴为孙中山庆贺，应邀作陪的有 50 多人，师生欢谈，气氛非常热烈。至此孙中山结束了他在香港的五年大学生活。

香港的五年大学生活，在孙中山革命思想的形成中具有非常重要的意义。孙中山曾经说过："我之思想发源地即为香港。"并说因为将香港的政治、社会情形与国内进行比较，深感内地的落后，从而认识到非改革政治、推翻清王朝，无以求进步。因此大学毕业后，即决定抛弃其医人生涯，而从事于医国事业，由此可知"我之革命思想，完全得之于香港也"。

## 三、上书李鸿章

1892 年秋，26 岁的孙中山以优异成绩自香港西医书院毕业后，先后开业行医于澳门、广州，实践他早年所立下的行医救国夙愿。由于他医术高明、态度和善，行医不到三个月，便声名鹊起，找他就医者络绎不绝，"户限为穿"，其收入当然亦十分可观。但西方列强的侵略和清王朝的腐败统治，使孙中山逐渐改变了早年的看法，开始认识到"医术救人，所济有限，其他慈善事业亦然"，要想救国就应该从"医国"入手。于是他决计"借医术为入世之谋"，积极从事"医国"的活动。1893 年冬，他邀请志同道合的尤列、陆皓东、郑士良、魏友琴、程璧光等人，聚众于广雅书局内的抗风轩（今广州文德路中山图书馆南馆内，原房子已不存在），倡议成立一个以"驱除鞑虏，恢复中华"为宗旨的革命团体——兴汉会，得到与会者的赞同。后来由于参加人数过少，没有形成具体组织，也没有开展任何活动，孙中山决定采取另一个"医国"的行动：上书当时掌握清政府军政外交大权的直隶总督兼北洋通商大臣李鸿章。

1894 年 1 月，孙中山一个人静悄悄地回到家乡翠亨村，闭门谢客，奋战十多天，起草了一封洋洋八千余言的《上李鸿章书》，阐述了他数年来关于仿效西方以求"富国强兵之道，化民成俗之规"的改革主张。他认为，西方国家的富强之本，不尽在船坚炮利，垒固兵强，而在于"人能尽其才，地能尽其利，物能尽其用，货能畅其流"，此四者是"富国之大经，治国之大本"。中国如果想要实现富强，就必须以此四者为急务，否则，片面追求船坚炮利那是"舍本逐末"。为此，他建议：广设文武农工商等专科学校，改革教育和选拔人才制度，做到"天无枉生之才，野无郁抑之士，朝无幸进之徒"；开设农师学堂，举办农艺博览会，派人出洋考察，开垦荒地，改革耕作方法，引进新式农具，促进农业生产；采用西方先进科学技术，广泛推广机器之用，开财源节财流，"孜孜然日以穷理致用为事"；取消层层关卡，减轻封建束缚，保护商人权利，多造轮船，广铺铁路，便于货物流通。最后孙中山希望清政府能"步武泰西，参行西法"，进行自上而下的改革。他并且相信，如果清政府能够采纳他提出的上述主张，以中国之人民才力，不要二十年，就必能"驾欧洲而之上"。

写好这封信，孙中山兴冲冲地回到了广州，他请陈少白对他的这封信少做修改后，即开始做上书的准备工作，他知道自己作为一介平民百姓，要见到直隶总督兼北洋通商大臣李鸿章绝非易事。

几经周折，他先后找到李鸿章身边的大红人盛宣怀的堂弟盛宇怀、早期维新思想家郑观应、王韬写了推荐信，同年六月，孙中山怀揣他上李鸿章的书和推荐信，与陆皓东一起到了天津，寄寓在法租界佛照楼客栈，随即通过盛宣怀、罗丰禄等人，将自己的上书转呈给了李鸿章。他本来希望李鸿章能够接见一下，以便自己有机会当面阐述有关主张。然而无奈时值中日战争，李鸿章在芦台督师，没有时间也不想见他，只是传了一句"打完仗后再见吧"的话，后来就不了了之。上书宣告失败。

　　关于孙中山上书李鸿章的动机和性质，史学家历来就有不同看法。而据深悉内情并参与修改上李鸿章书的陈少白说："孙先生之所以要上书李鸿章，就因为李鸿章当时算为识时务之大员，如果能听他的话，办起来，也为当不可挽救当时的中国。"孙中山在《伦敦蒙难》中是这样说明他的上书动机的："中国睡梦之深，至于此极，以维新之机构非发之自上，怠无可望。"而采用上书请愿的方法，则可"冀九重之或一垂听，政府之或一者起也"。如果孙中山和陈少白的说法真实可信，那么孙中山上书李鸿章的目的是想利用李鸿章的力量推动清政府实行自上而下的改革，以实现

孙中山在这里起草了《上李鸿章书》

自己的一贯主张，而且就他为上书所做的准备来看，并不像有的研究者所说的是借上书之名，游览京津，以"窥测清廷虚实"。

上书的失败，使孙中山进一步认清了清政府的顽愚腐朽，此时又适逢中日战争爆发，民族危机空前深重。他目击时艰，已知"和平方法无可复施，然望治之心愈坚，要求之念愈切，积渐而知和平之手段不得不稍易以强迫"，早已萌发的革命意识终于取代了和平改革思想在头脑中占了支配地位。从此，孙中山踏上了民主革命的征途。

# 踏上革命征途

# 一、创建兴中会

1894年10月，孙中山怀着革命的远大抱负，自上海乘轮船途经日本，去了他少年时代求学的檀香山。孙中山这次去檀香山的目的非常明确，就是要联络华侨，宣传反清革命，创立革命团体。因此他到檀香山后，即在大哥孙眉的帮助下，深入到华侨中积极开展革命的宣传和组织工作。经过一个多月的四处奔走，孙中山的反清革命思想得到了部分华侨的同情和拥护，组织革命团体的条件日趋成熟。这年的11月24日，在火奴鲁鲁美商卑涉银行华人经理何宽的寓所举行了革命团体——兴中会的成立大会，到会的有何宽、李昌、邓荫南、宋居仁等二十余人。孙中山被推为大会主席，会议通过了由他起草的《兴中会章程》。章程首先以强烈的爱国主义情绪，揭露了列强瓜分中国，特别是日本发动甲午战争给中华民族所造成的严重危机，批判了统治者"上则因循苟且，粉饰虚张；下则蒙昧无知，鲜能远虑"的昏庸无能。接着，说明了创立兴中会的目的，是"转为振兴中华，维持国体起见"。故"联络中外华人，创兴是会，以申民志，而扶国宗"。此外，章程还就经费、组织机制、议事制度以及吸收新会员等问题作了规定。由于当时包括孙中山在内的革命者的政治思想还不十分成熟，以及考虑到檀香山华侨的困难处境和为争取广泛的社会同情，《兴中会章程》写得比较温和，不曾明确提出革命的纲领和"排满"的口号，就是对清王朝的批判，措辞虽然严正，但也只限于"庸奴误国，荼毒苍生"，并公开声明兴中会要"维持国体"。然而这并不妨碍兴中会是一个革命团体，因为它刚成立，就拟定在广州发动起义。

孙中山为准备起义，领导会员进行了教练兵操和筹捐两项活动。他借用当地一所学校，聘请一位丹麦军官充教习，每周操练两次，参加者二百

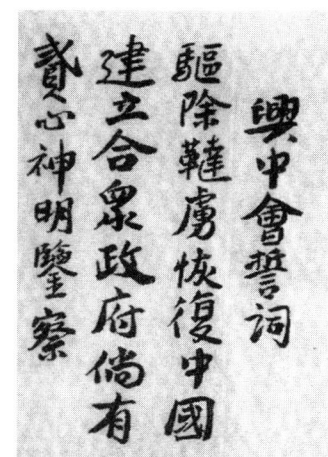

兴中会誓词

余人。筹饷募捐也开展得较为顺利，年底已得一万三千多元。这时，孙中山收到上海方面催其归国的来信，他即带邓荫南等经日本横滨，于1895年1月底回到香港，筹建兴中会总部。

　　1895年2月21日，兴中会总部成立，并通过了修订的《兴中会章程》。这个章程与原来的章程比较，除提出了"设报馆以开风气，立学校以育人才，兴大利以存民生，除积弊以培国脉"的主张外，还将原来章程中的"乃以庸奴误国，荼毒苍生，一蹶不振，如斯之极"，改为"乃以政治不修，纲纪败坏，朝廷则欲绝埋管，公行贿赂，官府则剥民瓜地，暴过虎狼"，更明确地把矛头指向了朝廷和官府，公开揭示出兴中会反清或"排满"的宗旨。尤其是在会员入会的誓词里，首次提出了"驱除鞑虏，恢复中华，创立合众政府"的纲领，也就是推翻清王朝建立美国式的共和国。

　　香港兴中会总部对外叫"乾亨行"，已经商行式掩护，由杨衢云、谢瓒泰留港主持，负责筹措经费，购运枪械。孙中山则偕郑士良、陆皓东、陈少白等来到广州，设立兴中会广州分会，在会党和新军中发展会员。在此前后，中国在甲午战争中惨败，清政府被迫与日本签订割地赔款、丧权辱国的《马关条约》，举国震惊，群情激愤，社会矛盾骤然尖锐。孙中山感到起义时机已经成熟，便加紧做好准备。至10月，各方部署大致就绪。10月10日，兴中会开会选举起义后临时政府负责人。谢缵泰提名杨衢云，陆皓东、陈少白则推举孙中山，双方各不相让，孙中山为顾全大局，说服自己的支持者，将临时政府首脑席位让给杨衢云，称"伯理玺天德"（英文总统的译音）。会上还决定阴历九月九日重阳节举事，因广东相沿重九祭祖扫墓的风俗，革命者可以利用省城内外祭扫人群往来频繁的时机聚众，不致引起敌人怀疑，并推孙中山留广东调度指挥，其他人分头组织队伍，于重阳节前一天在广州会齐。起义时以"除暴安良"为口号，以陆皓东设计的青天白日旗为军旗，人员臂缠红布，藉资识别。

广州起义失败后，孙中山的母亲、妻子儿女举家逃亡投奔孙眉，在檀香山安身。这是孙中山1901年4月自日本赴檀香山与家人的一次团聚。孙母杨氏居中而坐；前排左起：孙中山的长子孙科、次女孙婉、长女孙娫；后排左起：月红（侍女）、孙眉夫人谭氏、孙威、孙眉、孙中山、卢慕贞、孙顺霞（孙眉养女）、新兰（侍女）

重阳节清晨,各路人员都按计划赶到广州指挥部听命,只香港一路因杨衢云举措失当,不能按期赶来,所定人员枪械须延期两日才能起运。孙中山收到杨的密电后,知延缓日期,必然走漏风声,便当机立断,令各路人员从速撤回,并发电给杨衢云,"货不要来,以待后命"。次日孙中山离开广州到香港。果不出孙中山所料,清广州当局事先侦得此事,下令穷搜革命党人,陆皓东、朱贵全等四十多人被捕,不久陆皓东、朱贵全、丘四在广州英勇就义。煞费经营的兴中会广州起义(因这年是乙未年,称乙未广州起义)就这样未及发动就失败了。孙中山被清政府通缉,在国内无法安身,被迫流亡海外。

广州起义虽然失败,但其意义不可低估。它不仅是此后革命派一系列起义的起点,而且也使孙中山作为革命派的领袖开始引起社会舆论的注意。当时的日本就首次称孙中山为"支那革命党的首领"。

## 二、伦敦蒙难

广州起义失败后,孙中山被迫流亡海外。他先到日本,后经檀香山去了美国,到美国活动了三个月,见美国华侨风气未开,不太关心国内政治,自己留在美国对革命工作无益,于是,他决定渡过波涛汹涌的大西洋,转往英国和欧洲大陆,考察那里的社会经济状况。

这时,清政府视孙中山为叛逆要犯,一面派出大批暗探到各地"眼线跟踪",想方设法逮捕他;一面又通报清驻各国使领馆,要伺机将他缉拿。清驻英国公使馆甚至不惜花重金雇请外国侦探,侦察孙中山的行踪。孙中山对自己的危险处境也有相当的认识,因此,他从香港到日本的神户后,采取了一个重大措施:将自己从小蓄留的大辫子剪掉,同时像日本人那样在嘴上唇顶边蓄了一撮仁丹胡子,衣服也换成了日本的和服,俨然是一个地道的日本人。据孙中山1911年与伦敦《滨海》杂志记者的谈话称，他的化装使他"受惠不浅"，帮他逃过许多危难。有一次，他在一处公共场所被倾听的暗探盯上了梢，这时有两个日本人以为他是自己的同胞就走过来和他交谈，尽管他连一句日语也不懂，但还是装出一副很懂日语的样子。暗探以为自己盯错了对象，便悻悻地走开了。

1896年9月30日，孙中山自纽约乘海轮到达英国利物浦。当晚九时五十分，他乘火车到达伦敦，住在赫胥旅馆。第二天一大早，他便起身前往波德兰区覃文省街46号，探望他早年在香港西医书院读书的恩师康德黎博士。师生重逢，分外亲热。为了便于往来，康德黎博士特地为孙中山租定了靠近自己寓所的葛兰法学院坊8号旅店。从此，孙中山几乎每天都到康德黎的寓所来，和老师亲切交谈，阅读老师所收藏的丰富书籍。有时还在老师家里进餐，他特别喜欢吃康德黎夫人做的可口饭菜。然而，正当他沉浸在与老师重逢的欢愉气氛中时，危险正向他一步步迫近。

孙中山虽然化了装，俨然成了一个地道的日本人，但时间久了，还是被清朝的密探侦破了他的身份。他到达英国的当天，有关他行踪的密报就被送到了清驻英国公使馆。此后，他的一举一动都在清朝密探的严密监视之下。根据他的行踪，驻英公使馆制订了一份秘密逮捕他并将其押回中国受审的周密计划。

1896年10月11日上午十点半钟，孙中山像往常一样，走出葛兰法学院坊8号旅店，准备步行去老师康德黎家。这天是礼拜天，旅馆附近比平日清静多了，街上只有一两个行人。孙中山下意识地看看四周，没有发现异常情况，便大步向康德黎家走去。当他拐过一个路口时，一个中国人从身后赶来，边走边和他闲谈，自称是广东人。异国遇老乡，这是经常碰到的事，并没有引起孙中山的注意。走不多远，从身后又围上两个中国人，也自称自己的老家在广东，是来英国打工的。这三个人一左一右一后簇拥着孙中山往前走，当走到一座大楼前，还没等孙中山反应过来，就被这几个人推拥了进去，随后"砰"的一声关上了大门，这几个人也变戏法似的由满脸赔笑成了怒目圆睁，不由分说把他关进了楼上的一个小房间。孙中山这时才意识到：自己被清驻英公使馆绑架了。

清驻英公使馆秘密抓到了孙中山，乐坏了公使龚照瑗，他一面密电清廷总理各国事务衙门，邀功请赏，一面则秘密租借船只，加紧做好押送孙中山回国受审、以正法典的准备。同时，他下令加强对公使馆的戒备，并派了几名彪形大汉，一天二十四小时守候在关押孙中山的房门口，以防孙中山逃跑。对外则严密封锁消息，不相干的人员一律不许接近关押孙中山的房间，公使馆人员私自不许出馆，以防有人通风报信，把秘密绑架孙中山的事泄露出去。

孙中山被绑架后，好后悔自己的不谨慎。但事到如今，后悔是没有用的，现在的关键是想办法尽快逃离虎口。他想到了老师康德黎。他相信，只要老师知道实情，就一定能救他出去。但怎样才能让老师知道自己被绑架的实情呢？为此，他曾把写有康德黎家住址和告诉康德黎自己处境的小纸片，裹着硬币，使劲朝窗外的街道扔去，希望行人捡到纸片后，交给康德黎。但无奈小窗与街道的距离太远，纸片没有落到街上而是落到公使馆的草地

康德黎教授曾任香港西医书院教务长，非常器重孙中山这位品学兼优的弟子。孙中山伦敦蒙难，幸得他的营救才化险为夷

上，被使馆人员捡到交给了龚照瑗。龚照瑗令人将小窗户用木条严密地封起来。孙中山陷入了绝境。

在情急之中，孙中山想到了那名每天给他送饭的英国人柯尔，柯尔当时是清驻公使馆的佣人。透过几次观察，他发现柯尔和使馆其他人员不同，富有一定同情心。何不叫他给老师康德黎带个信？孙中山决定试一试。一天，他乘柯尔送饭来的机会，和柯尔攀谈起来，他告诉柯尔，他不像清使馆说的是什么坏人，也不是疯子，而是为中国人民谋幸福的革命党人，是国事犯，清公使馆秘密绑架他，是要把他押回国内处死。他希望柯尔能看在上帝的份上，帮他给康德黎送个信，他相信英国政府和英国人民是不会允许清驻英公使馆这种公然违背国际关系准则、在英国的土地上秘密抓捕中国革命人士的非法行为的。柯尔被孙中山说服了，他答应帮他送信给康德黎。于是孙中山乘看守不注意，给康德黎写了一封短信，交给了柯尔。

柯尔果然不负孙中山的重托，想法把信交到了康德黎手中。康德黎当时正为自己的学生突然失踪焦躁不安。收到信后，知道孙中山的危险处境，便立即开始了营救活动。

他找到英国外交部，找到伦敦警察局，找到伦敦的一些报馆，说明清驻英公使馆秘密绑架孙中山的真相，要求英国外交部和警察局采取行动，制止清公使馆的这种违背国际公法的行为，立即无条件释放孙中山，要求报馆在报纸上披露此事，给清公使馆以巨大的舆论压力。经过康德黎的不懈努力，营救活动终于取得了成功。孙中山被秘密关押20天后，于23日下午走出清驻英公使馆大门，重新获得自由。

本来，清驻英公使馆秘密绑架关押孙中山的目的，是要把他押回国内，明正刑典。但想不到搬起石头砸了自己的脚，抓孙中山的目的未达，相反还使孙中山因此而名声大震。一蹴而就成了世界名人，当时欧美各大报纸多对此事作了报道，有些国家还把孙中山的这段遭遇编成戏剧和电影公演。英国一些知名人士如康德黎等还组织了"中国之友社"，支持孙中山的正义斗争。为了让英国公众和世界人民更清楚地了解事件的真相，孙中山用英文写了《伦敦被难记》一书，在英国布里斯特耳出版社出版，这书后来被翻译成日、俄、汉等多种文字。

孙中山脱险后，在伦敦继续居住了一年。在这期间，他几乎天天去大英博物馆，"潜心研读和从事著述，探求救国救民的真理"。据康德黎记述，孙中山读书的兴趣非常广泛，西方国家出版的有关政治、经济、军事、外交、哲学、文学、艺术以及农业、畜牧、矿业、机械工程等书籍都是他涉猎的对象。当时伦敦是流亡者活动的中心，是政治人才荟萃的地方，如法国的雨果、俄国的赫尔岑、奥加辽夫等都在这里避难，孙中山和他们都有交往，他曾在大英博物馆的图书馆里和几个俄国革命者交换过对两国革命的看法，对俄国人的"计划稳健，气魄伟大"，深感钦佩。他还会晤过俄国民粹派杂志《俄罗斯财富》的记者，强调必须用武力推翻清朝统治。除读书和会见各国革命者外，孙中山还多次赴英国宪政俱乐部调查访问，到爱尔顿农业馆家畜展览会、李琴街工业展览会等处参观，与英国各阶层人物接触交往，考察英国社会经济状况，认真观察资本主义的社会政治制度。

通过大量阅读、与各国革命者的交往和对英国社会经济政治制度的考察，孙中山的思想和政治主张有了质的升华，他的三民主义学说开始形成。孙中山后来自述，他在伦敦居留期间，所见所闻，殊多心得，"始知徒致国家富强，民权发达，如欧洲列强者，尤未登斯民于极乐之乡也，是以欧洲志士，犹有社会革命之运动也。予欲为一劳永逸之计，乃采取民生主义，以与民族、民权问题，同时解决，此三民主义之主张所以完成也"。当然，孙中山的三民主义学说有一个形成、发展和完善的过程。留居英国期间，他的三民主义仅是一个"雏形"，其发展和完善是在 20 世纪初。

## 三、同盟会的成立

在伦敦留居了近一年后，孙中山于1897年7月2日起程，途经加拿大，于8月16日抵达日本横滨。他本来打算到香港，以便就近领导反清革命，但港英当局应清政府的要求没有同意他居留香港的申请，于是只好留居日本，继续从事反清革命的宣传和组织工作。

1900年春夏之际，中国北方兴起义和团运动。义和团运动是一次下层群众自发的爱国运动，它沉重地打击了帝国主义在华势力，极大地削弱了清王朝的统治基础。孙中山决定利用这一有利时机，领导和发动反清武装起义。这年的6月中旬，他乘船从日本抵香港海外，由于日本政府的要求，港英当局不允许孙中山登岸，孙中山只好在船上召开有兴中会干部参加的军事会议，决定起义以会党为主力，由与会党联络较多的郑士良赴惠州发难，史坚如等赴广州组织响应，杨衢云等在香港负责军饷接济。会后，大家分头活动。7月中旬，孙中山再次在停泊在香港海面的船上召开军事会议，决定由郑士良负责起义指挥，杨衢云、史坚如分别在香港、广州接济、策应，毕永年赴长江流域联络会党，孙中山则由日本转赴台湾，在台北建立指挥中心，并召集起义人员，等起义军占领沿海并进抵厦门一带时，渡过台湾海峡，接应并亲自指挥起义。

10月6日夜，郑士良率三合会会众600多人在惠州三洲田起义，起义军在夜色的掩护下，猛攻新安县沙湾清军，打死打伤清军70多人，缴获枪支40多条，清军溃败。起义军初战告捷后，立即按原定计划向东朝福建挺进，一路势如破竹，清军一触即溃，沿途会党和群众纷纷加入，起义军一度达到3万多人，士气大振。然而正当起义军节节胜利之时，后方的补给尤其是弹药却出现了问题，原本同意孙中山从海上接济起义军的台湾日本当局，这时却禁止台湾军火外运和日本军人参加起义军，也不同意孙中山从台湾渡海到内地亲自指挥起义。起义军最后因弹尽粮绝而不得不就地解散，起义失败。

惠州起义是孙中山在兴中会时期亲自策划的一次重要的武装起义，也是他发动和领导的历次起义中规模较大的一次。尽管起义失败了，但打击了清朝统治者，扩大了孙中山的影响，孙中山在广大知识分子中的威望有了空前提高。五年前第一次广州起义失败时，他被不少人视为"大逆不道"的"乱臣贼子"或"烧杀抢劫"的"江洋大盗"，不敢和他接近，就是檀香山的亲朋好友也躲着他，甚至有人还拿他吓唬哭闹的小孩："你再哭闹，孙中山来了！"小孩一听"孙中山"三个字，就吓得不敢再哭闹了。但惠州起义失败后，情况就大不同了，以前骂他是"乱臣贼子"的人，反而对惠州起义没有成功感到惋惜；以前认为他是江洋大盗的人，已改称他是英雄好汉，同情、理解和支持革命的人在不断增多。身历其境的孙中山对此感触很深。用他后来的话说："前后相较，差若天渊。吾人睹此情形，心中快慰，不可言状。"

义和团运动的失败，尤其是《辛丑条约》的订立，标志着中国已完全沦为清政府与帝国主义共管的半殖民地。不少爱国志士有感于民族灾难的深重和清王朝的腐朽卖国，走上了革命救国的道路。然而，以康有为、梁启超为首的万木草堂的师徒们，却没有接受戊戌变法的失败教训，仍在那里高唱保皇，蛊惑人心，甚至利用孙中山曾一度与他们合作的愿望，大挖兴中会墙脚，攻击反清革命，连孙中山亲手创立的檀香山兴中会，也被梁启超破坏得面目全非，许多兴中会成员成了保皇会骨干，革命基业濒于丧失殆尽的危机。残酷的现实使孙中山深深地感到保皇派对革命危害甚大，于是他第一个挺身而出，"大击保皇毒焰于各地"。1903 年，他到檀香山，一面大力批判保皇党的谬论，明确地划清了革命与保皇之间的界限，一面重建革命组织——中华革命党，以"驱除鞑虏，恢复中华，创立民国，平均地权"十六字为誓词。与兴中会誓词比较，除改"创立合众政府"为"创立民国"外，还增添了"平均地权"的新内容。这是孙中山革命思想的一大进步。为了和保皇党争夺群众，孙中山还在檀香山正埠拜盟加入洪门，被封为"洪棍"之职。翌年春，他又去了保皇会活动比较猖獗的北美大陆，在旧金山致公堂首领黄三德的支持下，修订了致公堂章程，改组《大同时报》，聘请革命党人刘成禹主持，对致公堂会员重新登记注册，这对削弱保皇派在华侨中的影响起了积极作用。他在美国纽约时，还和中国留学生王宠惠、薛仙舟、陈锦涛等人，一起讨论过后来被称为三民主义、五权宪法的一整套革命思想，以及革命后外交、财政等方面的问题，这对扩大他在北美留学生中的影响是有好处的。

正当孙中山在国外致力于革命宣传、打击保皇党毒焰时，国内革命风潮亦日甚一日，一些宣传民族独立、民族民主革命和民族革命历史的书籍大量印刷出版，得到广泛流传，其中影响最大的有邹容的《革命军》、陈天华的《猛回头》和《警世钟》、章太炎的《驳康有为论革命书》等。

首先，宣传革命，是邹容（1885—1905）《革命军》一书最突出的思想内容。在该书开卷的第一章，邹容就满怀激情地歌颂革命是"顺乎天而应乎人"的"世界之公理"，是"由野蛮而进文明"的"天演之公例"，是"争存争亡过渡时代之要义"，是"起死回生之灵药，返魄还魂之宝方"。革命既然有如此伟大作用，那么，中国要推翻清王朝的统治，要与世界列强争雄，实现民族的独立和解放，要"长存于二十世纪新世界上"，成为"地球上名国、地球上主人翁"，就"不可不革命"。对于中国来说，"革命！革命！得之则生，不得则死"。因此，他号召广大国民，"掷尔头颅，暴尔肝脑"，"驰骋于枪林弹雨中"，为推翻清王朝统治、扫除帝国主义侵略势力，"竖独立之旗，撞自由之钟"，进行伟大的革命斗争。其次，《革命军》探讨了革命的方法，强调对广大人民进行革命教育的重要性。邹容认为，要动员广大人民投身革命，就必须对他们进行教育，使他们"当知中国者中国人之中国也"，"当知平等自由之大义"，并养成"政治法律之观念"，尤其要去掉几千年来形成的"奴隶根性"，成为具有独立意识和平等、自由思想的资产阶级共和国的国民。最后，《革命军》明确提出了建立资产阶级共和国的要求。邹容用整整一章的篇幅向人们宣告，革命后要"模拟美国革命独立之义"，建立资产阶级的"中华共和国"，并且制定了二十五条纲领。其主要内容：全国人民不分男女，一律平等，无上下贵贱之分，人人都享有生命、言论、思想、出版等自由权利，同时也有纳税、服兵役和忠于国家的义务。政府的权力由人民授予，其职责在于"保护人民权利"，如果失职，人民有权起来革命推翻它。实行议会制，各府、州、县都选举议员，总统由各省议员公举。以美国的宪法和法律为蓝本，并参照中国国情，制定自己的宪法和法律。"少年壮志扫胡尘，叱咤风云《革命军》。号角一声惊睡梦，英雄四起挽沉沦。"邹容的《革命军》一问世，立即"不胫而走"，成为清末发行量最大的革命宣传品之一，前后共印 20 余版，总印数超过 100 万册，产生了不可估量的影响。

如果说邹容的《革命军》的思想特色在反封建的民主革命，那么，陈天华（1875—1905）的《警世钟》和《猛回头》的思想特色则是在反对帝国主义的侵略。首先，陈天华以大量篇幅描绘了"民族帝国主义"瓜分中国的险恶形势。《猛回头》采用群众喜闻乐见的"十言唱本"体裁，一字一泪地写道："俄罗斯，自北方，包我三面；英吉利，假通商，毒计中藏；法兰西，占广州，窥伺黔桂；德意志，胶州领，虎视东方；新日本，取台湾，再图福建；美利坚，也想要，割土分疆。""怕只怕，做印度，广土不保；怕只怕，做安南，中兴无望；怕只怕，做波兰，飘零异域；怕只怕，做犹太，没有家乡；怕只怕，做非洲，永为牛马；怕只怕，做南洋，服事

为抗议日本政府而投海自杀的陈天华

犬羊。"他譬喻这样的形势，"好比火线相连，只要一处放火，就四处响应，遍中国二十二行省，都如天崩地坼一般，没有一块干净土了"。中国的亡国灭种，已迫在眉睫，不容间发。其次，揭露了清王朝投降卖国的丑恶嘴脸，号召人民起来推翻它。陈天华指出，中国之所以会成为"民族帝国主义"宰割的对象，关键就在于清朝统治者一方面拒绝向西方学习，进行改革；另一方面则"见了洋人，犹如鼠见了猫一样，骨都软了，洋人说一句，他就依一句"，不敢对洋人说一个"不"字，特别是《辛丑条约》签订后，清王朝已成了名副其实的"洋人的朝廷"，其所作所为，不过是"替洋人，做一个，守土官长。压制我，众汉人，拱手降洋"，心甘情愿地充当洋人的奴才和帮凶。对于这样投降卖国的政府，人民应该起来造反、推翻它。只有推翻已成为"洋人的朝廷"的清政府，中国的救亡图存才有成功的希望。他说"我们分明是拒洋人，他不说我们与洋人做对，反说与现在的朝廷做对，要把我们当做谋反叛逆的杀了"，因此"我们要想拒洋人，只有讲革命独立，不能讲勤王"。最后，要求抵抗"民族帝国主义"的侵略，但同时又主张"文明排外"。陈天华号召广大人民群众，"洋兵不来便罢，洋兵若来"，全不要怕他，要与他作殊死的斗争，"读书的放了笔，耕田的放了犁耙，做生意的放了职事，做手艺的放了器具，齐把刀子磨快，子药上足，同饮一杯血酒，呼的呼，喊的喊，万众直前，杀那洋鬼子"。但同时他又反对盲目排外，而主张"文明排外"，强调"要拒外人，须要先学外人的长处"，"越恨他，越要学他；越学他，越难报他，不学断不能报"，"即如他的枪能打三、四里，一分时能发十余响，鸟枪只能打十余丈，数分时只能发一发，不学他的枪炮，能打得他倒吗？"他并在《猛回头》中提出了救国"十要"，其内容涉及资产阶级的政党、军队、实业、教育、思想、妇女、社会风俗等各个方面，是一份向西方学习的详细纲领。和邹容的《革命军》一样，陈天华的《警世钟》和《猛回头》曾多次再版，风靡一时，产生了广泛的社会影响。

章太炎（1869—1936）《驳康有为论革命书》写于1903年5月。先是1902年，康有为发表了一篇蛊惑人心的公开信《答南北美洲诸华商论中国只可行立宪不可行革命书》，坚持君主立宪，攻击和诋毁孙中山领导

陈天华所著《猛回头》

的反清革命运动。康文发表后，保皇派大加吹捧，广为宣传，印成小册子，题为《南海先生最近政见书》，在华侨中大量散发，影响极坏。为了驳斥康有为的种种谬论，打退保皇派的进攻，章太炎便针锋相对地写了这篇驳论文章，于1903年6月印成小册子发行，旋经章士钊节录，以"康有为与觉罗君之关系"为题发表在同年6月29日的《苏报》上。章太炎首先驳斥了康有为的"满汉不分，君民同治"的谬论，他以大量的事实指出，满汉并未同化，满洲贵族仍然是骑在汉族人民头上作威作福的国内的民族压迫者，而要消除国内的民族压迫，就非推翻清朝政府不可。接着，章太炎针对康有为所散布的中国民智未开，"公理未明，旧俗俱在"，只可立宪，不能革命的观点，论证了革命的伟大作用，革命不仅是"天雄大黄之猛济"，而且还是"补泻兼备之良药"，历史的经验一再证明，"人心之智慧，自竞争而发生"，因此，"今日之民智，不必恃他事以开之，而但恃革命以开之"。"公理之未明，即以革命明之；旧俗之俱在，即以革命去之。""民主之兴，实由时势迫之，而亦由竞争以生此智慧者也。"康有为还曾以革命将会引起外国干涉而恫吓革命派，要他们放弃革命。对此，章太炎的回答是："吾以为今日革命，不能不与外国委蛇，虽极委蛇，犹不能不使外人干涉。此固革命党所已知，而非革命党所未知也。"但我们不能以外人可能干涉而"少沮"，关键的问题不是放弃革命，而是如何"利用外人，而不为外人所干涉"。章太炎还以进化论的观点，抨击了封建专制制度的罪恶，斥责光绪是"未辨菽麦"的"小丑"，他并讥笑康有为说，当今皇上连自身的皇位都不能保，又怎能指望他搞什么立宪？康有为相信光绪能立宪，如同相信有人能"酿四大海水以为酒"一样荒诞可笑。章太炎的《驳康有为论革命书》虽然在满汉关系的问题上流露出了较浓厚的狭隘民族意识，但小瑕不掩大瑜，在当时它是一篇既有很强的思想性和战斗性又极富文采的文章，发表后曾产生过巨大的社会影响。

革命思想影响的迅速扩大，使越来越多的资产阶级、小资产阶级知识分子成了反清革命的参加者或同情者。与此相适应，自 1904 年后国内先后出现了一些资产阶级的革命小团体。1904 年 2 月，黄兴与宋教仁、陈天华等人在湖南长沙成立"华兴会"，主要成员为两湖地区的革命知识分子。该会与民间秘密会党哥老会的一支——洪江会的首领马益福取得联系，另成立同仇会为外围组织，积极筹划武装起义。同年 6 月，两湖志士刘静庵等在武昌成立"科学补习所"，吕大森任所长，胡瑛任干事，在新军中开展革命宣传和组织活动。是年冬，江浙革命党人陶成章、章太炎、蔡元培等在上海成立的"光复会"，并通过陶成章联络会党成立了外围组织龙华会，有会员三千余人。此外，成立的革命小团体还有：1904 年江西成立的"自强会"，1904 年李伯东等在云南成立的"誓死会"，1905 年陈独秀在安徽芜湖与柏文蔚等发起成立的"岳王会"，以及贵州成立的"科学会"等。

这些革命小团体的相继创立，促进了革命运动的发展，他们活动的地区，也很快成为民主革命的中心。然而这些革命小团体不仅规模不大，人数不多，活动范围比较狭窄，具有明显的地域特征，相互间缺乏紧密联系，而且在组织形式和活动方式上都带有浓厚的秘密会社的色彩，没有比较完整的政治纲领，如华兴会的纲领是"驱逐鞑虏，复兴中华"，科学补习所则"以记之宗旨'革命排满'四字为主"，光复会誓词和文告中提出的是"光复汉族，还我河山"，"重新建国，图共和之幸福"。这与迅速发展的革命形势日益显得不相适应。

1905 年夏，孙中山感到革命小团体的活动分散，不能适应革命需要，必须在各个团体联合的基础上组成统一的革命政党，以领导全国革命运动。为此，他在周游欧美各国，在中国留学生和当地华侨中积极开展革命宣传和组织工作后，于是年 7 月来到留学生集中的日本东京，紧张地进行宣传联络工作。他首先找到在留日学生中威望甚高的华兴会领导人黄兴，商定与华兴会联合的问题，得到黄兴的赞同。不久，他又与华兴会主要骨干宋教仁、陈天华晤谈，反复说明"互相联络"，建立统一革命团体的重要性。华兴会在留日学生中具有举足轻重的地位，黄兴、宋教仁、陈天华等人赞同合作，保证了统一的革命团体得以迅速建立。

7月30日下午，各省革命志士70余人在东京赤坂区桧町三番黑龙会会所召开了同盟会成立前的预备会议。孙中山被推为主席，并首先演讲"革命之理由，及革命之形势，兴革命之方法"，详言各革命团体联合起来、组成统一的革命组织的必要性。演讲约一个小时。之后，由黄兴宣布开会宗旨在于成立组织，请与会者签名，以示正式加入。曹亚伯率先签名，其他人随之也都签了名。接着讨论组织名称，孙中山提议定名为"中国革命同盟会"，这个提议得到与会者一致赞成，但为方便活动，统称"中国同盟会"。在讨论组织的宗旨时，孙中山建议以"驱除鞑虏，恢复中华，创立民国，平均地权"为同盟会的革命宗旨，有些人对"平均地权"表示怀疑，要求取消，但稍加解释后通过。黄兴随即提议推举孙中山为"本党领袖，不必经选举手续，众咸举手赞成"。接着由孙中山起草盟书，经会议公推黄兴、陈天华两人审定，誓词全文如下："当天发誓，驱除鞑虏，恢复中华，创立民国，平均地权，矢信矢忠，有始有卒，如或渝此，任众处罚。"随后由孙中山领导大家举手宣誓，并由孙中山分别口授会员握手暗号和秘密口号。事毕，孙中山和与会者一一握手，欣然祝贺说："为君等庆贺，自今日起，君等已非满朝人矣。"这时会场后面的座席因人多不负重压，忽然轰地一声坍塌。孙中山目睹此景，诙谐地对大家说："此乃颠覆满清，革命成功之预兆。"大家为他的风趣机智热烈鼓掌。最后，会议推举黄兴、陈天华、马君武等八人起草同盟会章程，准备召开成立大会。

经过二十来天的准备，8月20日中国同盟会在东京赤坂区灵南坂日本

孙中山手书的中国同盟会纲领

人坂本金弥家召开正式成立大会，到会者一百多人。会上首先通过了同盟会章程。章程规定：本会以"驱除鞑虏，恢复中华，创立民国，平均地权"为宗旨，凡其他革命团体宗旨相同而又"愿联为一体者，概认为同盟会会员"。接着黄兴提议选举孙中山为同盟会总理，全体赞成。依照会章规定："总理对于会外，有代表革命之权；对于会内，有执行事务之权，节制执行部各员，得提议于议会，并批驳议案。"根据三权分立原则，同盟会在东京总部设执事、评议和司法三部，执行部掌行政，负责组织革命的实际行动；评议部掌立法；司法部掌司法。除东京本部外，同盟会在国内设东（上海）、西（重庆）、南（香港）、北（烟台）、中（汉口）五个支部，支部下按省设分会，推定了各省分会的主盟人。海外华侨分南洋、欧洲、美洲、檀香山四个支部，支部下按国别、地区设分会。最后由黄兴提议，把《二十世纪支那》杂志改为同盟会机关报，并定名为《民报》，大家鼓掌赞同。

在中国近代史上，同盟会第一次提出了一个比较完整而明确的民主革命纲领。同年11月，孙中山在《〈民报〉发刊词》中把这个纲领概括为"三大主义，曰民族，曰民权，曰民生"，也就是三民主义。孙中山的三民主义"雏形"形成于19世纪末，到这时候已发展成为一套完整的思想体系。

同盟会的成立是划时代的历史事件。分散于国内外的革命党人从此有了统一的组织和共同的奋斗目标，有利于整齐步伐，一致号令，积极开展各项革命活动。孙中山曾经高兴地说："自革命同盟会成立之后，予之希望则谓之开一新纪元"，"吾始信革命大业可及身而成矣！"

## 第四章

# 三民主义

民族主义

民权主义

民生主义

## 一、民族主义

　　孙中山的民族、民权、民生"三民主义"，宣传得最多、影响也最大的是民族主义。民族主义是三民主义的政治前提。在近代中国，帝国主义与中华民族的矛盾，是最基本和最主要的矛盾，同时，清王朝作为全中国的统治者所推行的民族歧视和民族压迫政策，又造成少数满洲贵族与广大汉族和其他少数民族人民的矛盾。孙中山的民族主义，正是在 19 世纪末 20 世纪初，西方列强掀起瓜分中国的狂潮，中华民族危机空前严重，而腐败透顶的清王朝在帝国主义侵略面前卑躬屈膝，完全成了列强压迫和掠夺中国人民的工具，以致原本就存在的满洲贵族与汉族和其他少数民族的矛盾更加尖锐的背景下提出来的。它不仅反映了近代中国国内外民族矛盾交错的复杂情况，而且也体现了包括满洲人民在内的中国各族人民反对帝国主义及其工具——清王朝的革命要求，是革命派为了挽救民族危急，实现民族独立、平等和国家富强的革命理论。

　　孙中山民族主义的思想源于中国历史上的反清传统，尤其是近代太平天国的反清革命传统。前面已经介绍，孙中山小时候就特别喜欢听太平天国老战士讲洪秀全反清革命的故事，对洪秀全十分羡慕，称洪秀全为反清第一英雄，并以"洪秀全第二"自居。后来，他不但经常以太平天国革命运动的事迹来鼓励人民，赞扬太平天国与清王朝的英勇斗争，而且还经常谈起洪秀全如何起兵广西定都南京，李秀成如何六解天京之围，如何打败英人戈登，1902 年，他还嘱咐刘成禹写了一本《太平天国战史》，以"发扬先烈"，作"为今日吾党宣传排满好资料"，并称赞太平天国革命"为吾国民族大革命之辉煌史，纯为民族革命的代表"。辛亥革命后，他在讲演中还多次提到洪秀全和太平天国，并骄傲地自认为是他们事业的继承者。

除了历史上的反清思想尤其是太平天国的反清思想外，欧美及亚洲各国的民族独立思想和民主革命理论，也对孙中山民族主义的形成产生过重要影响。他非常羡慕美国脱离英国而独立后的飞速进步。夏威夷人民不畏强暴反抗美国侵略、维护民族独立和尊严的英勇斗争，也给当时正在夏威夷求学的他留下了深刻的印象。他还直接吸收了西方民主革命理论，作为提倡民族主义的依据。比如，他接受了18世纪法国民主革命的自由口号和美国总统林肯提出的民有观念，并认为自己的民族主义就是采取"自由"和实现"民有"。他首先强调指出，中国人民讲的民族可以说和西方人讲的自由一样，"因为实行民族主义，就是为国家而自由"。又说，美国林肯总统所主张的民有、民治、民享，就是自己主张的民族主义、民权主义和民生主义。

　　据孙中山的解释，他的民族主义包括兴中会和同盟会政纲中"驱除鞑虏，恢复中华"两项内容，即推翻清王朝统治，重建汉人当权的政府。为什么要推翻清王朝的统治呢？1904年孙中山在一篇题为《中国革命问题的真解决》中概述了他的理由：一、清王朝的一切举动，都是为了他们自己的私利，而不是为了被统治者的利益；二、清王朝阻碍包括汉族在内的其他民族在知识上和物质上的发展；三、清王朝把包括汉民族在内的其他民族作为被征服民族来对待，不许这些民族享受与清同等的权利；四、清王朝侵犯了被统治者不可让与的生存权、自由权和财产权；五、清王朝自己从事或者纵容官场中的贪污和行贿；六、清王朝压制言论自由；七、清王朝禁止结社自由；八、清王朝不经被统治者同意就向他们征收沉重的苛捐杂税；九、清王朝在审讯他们所指控的犯人时，往往使用最野蛮的酷刑拷打，逼迫所指控犯人招供认罪；十、清王朝往往不经过法律程序，就剥夺了被统治者的权利；十一、清王朝不能依其职责保护其管辖区内所有居民的生命与财产。

就以上孙中山所阐述的理由来看，他之所以要推翻清王朝统治，是因为清王朝实行民族压迫和封建专制，他曾一再指出，"满洲政府实行排汉主义，谋中央集权"，实行专制统治，这是我们要推翻它的重要原因。正是从上述认识出发，孙中山的民族主义虽然具有强烈的"反满"或"排满"色彩，甚至可以说"反满"是辛亥革命前孙中山民族主义的最基本内容。但与历史上大汉民族主义的"反满"不同，它已抛弃了狭隘的民族复仇思想。孙中山曾明确指出，民族主义只是反对少数害汉族的满洲贵族，仇恨的是害汉人的满洲人，假如革命党实行革命的时候，满洲人不加以阻害，那么革命党绝不会寻仇，并斥责那种认为"民族革命是要消灭满洲民族"的主张是"大错"。所以，在同盟会成立的筹备会议上，当有人提议在"同盟会"前冠以"对满"二字时，孙中山表示坚决反对，认为"我辈所以革命，即令满人同情于我，亦可许入党"。在他看来，汉人对于满人不应以复仇为务，"而务予之平等共处于中国之内"。由此可见，孙中山的民族主义的"反满"或"排满"，是要推翻清王朝的反动统治，把包括汉族和满族人民在内的全体中国人民从满洲贵族设置的民族监狱中解放出来。

孙中山的民族主义除具有强烈的"反满"或"排满"的色彩外，还有以下几个特点：第一，"反满"与反专制压迫相结合。孙中山的民族主义，不仅要推翻清王朝的统治，解除满洲贵族对汉族和其他民族的民族歧视和民族压迫，而且要将清政府所有压制人民之手段、专制不平之政治、暴虐残忍之刑罚、勒派加抽之苛捐以及清政府所纵容之虎狼官吏一切扫除，不容再有"膻腥余毒"存留在中华民国之内。因此他指出，我们推翻清政府，从驱除满洲人那一面是民族革命，从颠覆君主政体那一面说是政治革命，并不是把民族革命和政治革命分作两次去做。这样就把反满与反专制压迫结合了起来，从而使他的民族主义具有了新的内涵。第二，反满与争取民族独立相结合。19世纪末20世纪初，各帝国主义国家在中国修铁路、开矿山、抢占租借地、划分势力范围，掀起了瓜分中国的狂潮。孙中山认为，中国之所以会陷入被列强"瓜分豆剖"的境地，原因就在于清王朝的软弱不振和卖国投降。他曾沉痛指出："曾亦知瓜分之原因否？政府无振作也，人民不奋发也。政府若有振作……外人不敢侧目也。"因此，中国"欲免瓜分，非先倒满洲政府，别无挽救之法"。这样，他的民族主义就把反满与反对列强的瓜分阴谋、实现民族独立结合起来，扩大了民族斗争的意义。这正如毛泽东所指出："辛亥革命是革帝国主义的命，中国人民所以要革清王朝的命，是因为清王朝是帝国主义走狗。"第三，具有民族平等思想。如我们曾经指出的那样，孙中山一再强调，他的民族主义只反对害汉人的满洲贵族，对于普通的满族人民和其他少数民族决无反对之理。后来他进一步提出了汉、满、蒙、回、藏"五族共和""五族平等"的主张。1912年，他在"临时大总统就职演说"中就强调指出，"国家之本，在于人民，合汉、满、蒙、回、藏诸地为一国，则和汉、满、蒙、回、藏诸族为一人，是曰民族之统一"。为了使中国境内各民族在政治上得到平等，都有发言权和参政权，他宣布汉、满、蒙、回、藏"五族一家，立于平等地位"。

孙中山的民族主义在辛亥革命时期"起了很大的作用，革命的风暴主要是这样鼓动起来的"（吴玉章语）。因为作为那个历史时期民族斗争的旗帜，民族主义反映了中国各民族人民要求摆脱满清贵族的民族歧视和民族压迫的强烈愿望，表达了他们的斗争意志，从而极大地动员了各民族人民投身于辛亥革命。当然，孙中山的民族主义也有它的弱点，其中最主要的弱点是他没有明确提出反对西方列强的口号和纲领。

# 二、民权主义

以建立民主制度为核心的民权主义是孙中山三民主义的核心。和他的民族主义是近代中国帝国主义与中华民族矛盾、满清贵族与汉族和其他民族的矛盾反映一样，民权主义也是近代中国封建主义与人民大众矛盾的反映，体现了广大人民要求摆脱专制统治和争取民主、自由的强烈愿望。它的提出表明近代中国人向西方学习寻找救国救民真理的路途已进入一个新的阶段，在近代中国思想史上具有划时代的意义。

孙中山的民权主义思想早在兴中会成立之初就已略见端倪。兴中会入会的誓词："驱除鞑虏，恢复中华，建立联合政府"，朦胧地表达了他要建立民主共和国的政治思想。在稍后的一系列文章和谈话中，孙中山更进一步表明了他的政治愿望。如1897年3月，他在英国《双周论坛》上发表的《中国的现在和未来》一文，就要求"打倒目前及其腐败的统治而建立一个贤良政府"，使"大多数之诚实的人们"能够"进入公共民主的生活"。1898年他在与日本友人宫崎寅藏的谈话中明确指出，"共和政治"适合于中国国民，并在谈话中使用了"联邦共和"和"共和宪法"的概念。1900年，由他领衔的《致香港总督书》所附《平治章程》规定：全国设中央政府，"举民望所归之人为首，统辖水陆各军，宰理交涉事务；惟其主权，仍在宪法权限之内；设立议会，由各省贡士若干名，以为议员"；各省设自治政府，"由中央政府选派驻守总督一人，以为一省之首；设立省议会，由各县贡士若干名以为议员"；省议会之代议士"本由民间选定"。上述事实说明，孙中山的民权思想在"创立合众政府"的口号下于19世纪最后几年得到了相当程度的发展。到同盟会成立时，他的民权主义思想已经成熟。他认为，民权主义是政治的根本，民权主义的蓝图："凡为国民皆平等而以有参政权。大总统由国民公举。议会以国民共举之议员构成之，制定中华民国宪法，人人共守。敢有帝制自为者，天下共击之。"

要建立民主共和国，首先就必须推翻君主专制统治，这是民权主义的主要任务。他在一系列文章中对君主专制进行了尖锐的批判，指出中国几千年的专制主义统治，扼杀了人们的个性和自由，造成了中国的积弱和贫困，这种专制政体是"恶劣政治的根本"，"自由平等的国民"不可堪受。因此，他强调，"就是汉人为君主，也不能不革命"。

为了论证推翻君主专制统治，建立民主共和的必然性，孙中山以社会进化论为武器，把人类社会的发展分为洪荒时代→神权时代→君权时代→民权时代这样几个历史阶段，认为现在已进化到民权时代，神权和君权虽然在历史上曾起过积极作用，但随着社会的进化已成为过去的沉积，民权则成了时代的主流。他还指出，民权这股世界潮流，犹如滔滔的黄河、长江之水，虽然要流经九曲十八弯，受到重重阻隔，但东流奔向大海，是不可抗拒的。历史无情，顺之者昌，逆之者亡，任何阻拦中国推翻专制统治、建立民主共和国的阴谋，都注定要失败。

孙中山在提出民权主义的同时，还对以梁启超为代表的立宪派所宣扬的普通国家必须经过君主立宪才能进入民主共和国的主张进行了批驳。他指出，那种认为各国皆由野蛮而专制，由专制而君主立宪，由君主立宪而始共和，这种井然的次序无法逾越，因此中国今日亦只可为君主立宪，而不能逾越为民主共和的观点，是一种谬论，这可于铁路的修筑中得到证明。铁路上跑的机车，开始时非常"粗恶"落后，后来逐渐得到改良，有了进步，中国现在修路，是按部就班地用以前那种非常粗恶落后的机车，还是直接用最近得到改良的机车呢？答案当然是后一种。政治制度也一样，完全可以逾越落后的君主立宪制度直接采用更进步的民主共和制度。

孙中山的民权主义主要来源于西方民主主义思想和民主共和国方案。但他在向西方学习，根据西方民主主义思想和民主共和国方案设计中国政治制度蓝图的过程中，并没有对西方共和国方案采取机械的全盘照搬的态度，而是有自己的新的创见和新的探索。比如，他在继承行政、立法、司法三权分立学说的同时，又看到了它的缺陷，以及由此而引起的西方共和国中的种种弊端，从而提出"五权分立"的思想，也就是把考试权从行政权中分出，监察权从立法权中分出，使行政、立法、司法、考试、监察五权各自独立，互相监督，并认为这样就可以使西方国家出现的政治腐败、议员专制等现象得以根除。孙中山后来又根据"五权宪法"思想主张在国家机器中设立行政、立法、司法、考试、监察五院，他称之为"五权宪法"，并把它视之为民主共和国的命脉。他曾把自己的学说概括为八个字：三民主义，五权宪法。

孙中山还在《军政府宣言》中把建设民主共和国的"措施之次序"规定为"军法之治""约法之治""宪法之治"这样三个循进时期。所谓"军法之治"，就是在新光复地区，"军队与人民同治于军法之下"，军队为人民努力杀敌，人民为军队提供军需，地方行政概由军政府掌管，"以此扫除积弊"。"军法之治"一般以三年为限。所谓"约法之治"，就是"军政府援地方自治权于民，而自己揽国事之时代"。以全国平定六年后为限。在此期间，解除军法，颁布约法，规定军政府与人民的权利义务，相互遵守。所谓"宪法之治"，就是"军政府解除权柄，在宪法上国家机器分掌国事之时代"。军政府解除兵权、行政权，国民选举大总统和国会议员，并组织议会，一国政事，依据宪法进行管理。后来，孙中山又多次强调了现在民主政治需要经过上述三个时期的必要性。

孙中山的民权主义表达了中国资产阶级的政治要求，也反映了广大人民群众对民主和自由的渴望，在中国近代思想史上有着极其重要的意义。但和民族主义一样，民权主义也存在着严重的弱点。首先，缺乏彻底的反封建内容。孙中山把推翻清王朝的专制统治当成是实现民权主义的终极目标，但没有认识到消灭专制主义，不仅要推翻封建王朝的统治，更重要的是要推翻专制制度的社会基础，即封建地主阶级。其次，对人民的历史作用认识不足。孙中山所以主张把民主共和国的建成分为三个时期的一个重要原因，就是认为中国广大人民必须经过相当长的时间训练，才有可能"养成平等自由的资格"。

## 三、民生主义

孙中山的民生主义是继民族主义、民权主义之后提出的"社会革命"纲领，实际上是一种解决土地问题的方法，即：对于地主所有制的土地，核定现在的地价，将来地价因经济发展、社会进步而上涨时，其现价仍属地主所有，超出现在的部分则归国有，从而为国民所共有。比如，他举例说："地主有地价一千元，可定价为一千，或定至二千；那地将来因交通发达，价涨至一万，地主应得二千，已属有益无损，盈利八千，当归国家。"

孙中山民生主义思想的形成有一个过程。我们在前一章中已经提到，1895 年广州起义失败后，孙中山先后去了美国和英国，他一边在华侨中从事反清革命的宣传和发动工作，一边大量阅读西方出版的有关政治、经济、哲学等方面的著作，考察西方社会状况。当时英美等西方主要国家已完成向帝国主义的过渡，资本主义社会所有国的种种矛盾随着社会财富的大量积累而日益尖锐激化，贫富差距的悬殊，经济危机的爆发，罢工运动的浪潮，动摇了孙中山原先对资本主义充分认同的信念，他发现西方主要资本主义国家，虽然国家富强，民权发达，但"尤未能登斯民于极乐之乡"，以致有社会革命运动的不断发生。由西方，他又想到了中国。在他看来，中国虽贫富不均的现象还不像西方那样严重，但这只是"分量之差"，而"非性质之殊"，如果"不为绸缪未雨之计"，那么西方所发生的社会革命在不远的将来就会在中国重演。如何防患于未然，认识和解决西方国家所出现的这些问题呢？正当孙中山殚精竭虑的探求答案时，他读到了亨利·乔治的《进步与贫困》一书。

亨利·乔治（1839—1897）是19世纪末美国的经济学家，在《进步与贫困》一书中，他把资本主义社会贫富悬殊的现象归结为社会进步所引起的地租和地价的不断上涨，并主张把土地从非法占有者手中夺回来，实行土地国有政策。但他又认为，采取没收地主土地的手段过于激烈，最好的方法是由国家每年向每块土地征收相当于地租额的土地税，因社会进步引起的土地涨价归代表全体人民利益的国家所有，同时废除其他一切租税。这就是著名的"单一税"理论，又被称之为单税"社会主义"。

亨利·乔治的理论对孙中山的影响很大。很早就追随孙中山从事反清革命的冯自由就说，孙中山对于欧洲之经济学说最服膺的是亨利·乔治的单税论，认为此种单税论最适合于中国社会经济之改革，"故倡导惟思不利"，他的"平均地权"主张，"即斟酌采用亨利·乔治学说而自成一家者也"。

为了制定解决土地办法的方案，孙中山于1897年7月离开英国伦敦经加拿大回到日本之后，曾与梁启超、章太炎、秦立山等多次讨论过"我国古今之社会问题土地问题"，并经过反复讨论，民生主义思想逐渐明朗起来。1903年秋，他与日人日野、小室建次郎等在东京组织革命军事学校，专门收容当时有志于军事但因清廷的破坏而不得进入日本正规军事学校的留学生十余人入校学习。当该校开学时，孙中山发表演说，提出了"驱除鞑虏，恢复中华，创立民国，平均地权"的誓词。这一誓词与后来同盟会的纲领完全相同。"平均地权"的提出，表明孙中山的民生主义思想最终形成。

孙中山对自己的"平均地权"主张评价甚高，认为它至少有以下三点重要意义：第一，可以使国家繁荣富强。他说实行平均地权后，私人永远不用纳税，仅收地租一项，中国就会成为国库充裕的最富强的国家。第二，可以避免少数人对财富的垄断。他说实行平均地权后，少数把持垄断财富的弊端，自当永绝，这是最简易实行之法。第三，可以使民主革命与社会革命毕其功于一役，有效地预防欧美的社会革命在中国发生。他说实行平均地权后，不会产生贫富悬殊的社会问题，社会革命也就"已成七八分了"。所以，孙中山自认为他的民生主义就是社会主义。

孙中山虽然真诚地相信他的民生主义就是社会主义，但实际上他的民生主义纲领不是社会主义纲领。因为核定地价，增价归国，必然会限制地主阶级对土地的垄断，而限制地主阶级对土地的垄断，将会促进资本主义的发展。孙中山把这样一个纯粹资本主义纲领的"民生主义"称为"社会主义"，这说明他向往没有阶级压迫和剥削，没有贫富差距的社会主义社会，同时又对社会主义本质缺乏真正的理解。

和他的民族主义，民权主义一样，孙中山的民生主义在当时的历史条件下是有非常积极的意义的。作为近代第一个把土地问题和发展资本主义联系起来的经济纲领，民生主义反映了中国民族资产阶级要求从专制主义束缚下解放出来，发展工商业的迫切愿望，而发展资本主义是近代中国的历史选择。同时，它在一定程度上反映了孙中山和革命派对农民和土地问题的重视。当然，虽然孙中山主张"平均地权"，但由于他和亨利·乔治一样反对采用没收地主土地的激烈手段把土地分给无地或少地的农民，而不能满足农民对土地的要求。不能满足农民对土地的要求，就很难激发起他们参加革命的积极性，这也是辛亥革命迅速失败的一个重要原因。

# 与改良派的论战

## 一、论战的缘起

早在同盟会成立之前，以孙中山为代表的革命党人就开始了与改良派的斗争。1903年5月，章太炎写成《驳康有为论革命书》，批驳了康有为在《答南北美洲诸华商论中国只可行立宪不可行革命书》中散布的种种奇谈怪论。与此前后，孙中山也"大击保皇毒焰于各地"，先后发表《驳保皇报》和《敬告同乡书》等重要文章，揭露康有为、梁启超的保皇论的欺骗性。《驳保皇报》揭露康有为所标榜的"爱国"，爱的是少数满洲贵族的"大清国"，而非中国人民的"中华国"，"保异种而奴中华，非爱国也，实害国也"。并批驳了康有为所散布的革命将"召瓜分"的谬说，指出清政府已成了帝国主义侵略中国的工具和"鹰犬"，"故欲免瓜分，非先倒满洲政府，别无挽救之法也"。《敬告同乡书》揭露了梁启超散布的名则革命，实则保皇的欺骗性，指出梁所言保皇为真保皇，所言革命为假革命，要求广大华侨划清保皇与革命的界限，充分认识到革命、保皇是不同的两条途路，就像黑白之不能混淆、东西之不能易位一样。革命者志在扑满而兴汉，保皇者志在扶满而臣清，两者"事理相反，背道而驰，互相冲突，互相水火，非一日矣"。孙中山号召广大华侨大倡革命，毋惑保皇，投身于反清革命事业。

同盟会成立后，以孙中山为代表的革命党人，更加意气风发地围绕同盟会的三民主义纲领，与以康有为、梁启超为代表的改良派展开了一场大的论战。1905年11月出版的《民报》创刊号，除孙中山的《发刊词》正面阐发了同盟会的三民主义的纲领外，其余的文章大多从不同角度对改良派所散布的保皇论进行了批判。接着1906年4月出版的《民报》第3号以"号外"的形式发表《〈民报〉与〈新民丛报〉辩驳之纲领》一文，将革命派与改良派的分歧归纳为十二个问题,即:一、《民报》主共和,《新民丛报》主专制;二、《民报》望国民之民权立宪,《新民丛报》望政府以开明专制;三、《民报》以政府恶劣,故望国民之革命,《新民丛报》以国民恶劣,故望政府以专制;四、《民报》望国民以民权立宪,故鼓吹教育与革命,以求达其目的,《新民丛报》望政府以开明专制,不知如何方副其希望;五、《民报》主张政治革命,同时主张种族革命,《新民丛报》主张开明专制,同时主张政治革命;六、《民报》以为国民革命自颠覆专制而观则为政治革命,自驱逐异族而观则为种族革命,《新民丛报》以为种族革命与政治革命不能相容;七、《民报》以为政治革命必须实力,《新民丛报》以为政治革命只须要求;八、《民报》以为革命事业专主实力,不取要求,《新民丛报》以为要求不遂,继以惩警;九、《新民丛报》以为惩警之法在不纳租税与暗杀,《民报》以为不纳租税与暗杀不过革命实力之一端,革命须有全副事业;十、《新民丛报》诋毁革命,而鼓吹虚无党,《民报》以为凡虚无党皆以革命为宗旨,非仅刺客以为事;十一、《民报》以为革命所以求共和,《新民丛报》以为革命反以得专制;十二、《民报》鉴于世界前途,知社会问题必须解决,故提倡社会主义,《新民丛报》以为社会主义不过煽动乞丐流民之具。该文郑重宣布:"本报以为中国存亡诚一大问题,然使如《新民丛报》所云,则可以立亡中国。故自第四期以下,分类辩驳,其与我国民解决此大问题。"于是,从第 4 期起,《民报》发表了大量批驳改良派的文章,双方论战由是全面展开。

在当时,改良派的势力和影响还是很大的。改良派的代表人物除康有为外,主要是梁启超。戊戌变法运动失败后,尤其是自立军起义失败后,梁启超一度倾向于革命,发表过一些倡言"破坏""革命"的文章,并在致乃师康有为的信中明确表示:"中国以讨满为最适宜主义……满廷之无望久矣。"为此,他曾遭到康有为的严厉训斥。但到了 1903 年,他的思想又回到了保皇和改良的立场。这一方面与康有为对他思想的严格管束有关，另一方面也与他这一年的美国之行有关。他在美国耳闻目睹的"种种黑暗情状"，使他深叹共和政体实不如君主立宪者之流弊少而运用灵也。华侨在美国所受的歧视、华人在美国所建社团的纷乱状况，在梁启超心中留下了很深的印象。他认为这些社团实行民主的结果，一是一二上流社会之有力者言莫予违，众人唯喏而已；二是一议事则群起而噪之，而事终不得决。他由美国想到国内，"近年来号称新党志士者所组织之团体，某协会某学社者，亦何一非如是。此固万不能责诸一二人，盖一国之程度，实如是也"。梁启超的思想回到保皇和改良立场后，便立即向革命派发动进攻，于1903年和1904年之间，先后发表《敬告我国民》《论俄罗斯虚无党》《新大陆游记》《中国历史上革命之研究》等文章，反复说明中国不必进行革命，如果革命，将会引起内乱和外国干涉，中国因此而会亡国。《民报》创刊后，他连续在《新民丛报》上发表《论中国今日万不能行共和制之理由》《申论种族革命与政治革命之得失》《答某报第四号对本报之驳论》等一系列文章，并且出版了题为《中国存亡一大问题》的论文集，鼓吹改良、反对革命。革命思想与改良思想的论战全面展开后，他又成了革命派最主要的论敌，他自己也视革命派为最主要的敌人。在给康有为的信中他认为，改良派"与政府死战"，是次要，而"与革党死战"，乃是第一义，是你死我活的斗争。梁启超在这里所说的"与政府死战"，并非是要反对或推倒清政府，只是反对慈禧囚禁光绪，把持朝政，将保皇党排斥于统治集团之外。改良派对清政府的真实态度，如果用政闻社1907年成立时梁启超为该社所写的宣言来表达：即"以秩序的行动，为正当之要求，其对于皇室，绝无干犯尊严之心；其对于国家，绝无扰紊治安之举"。

所谓"以秩序的行动，为正当之要求"，也就是通过上书和伏阙请愿等形式，要求清政府认真实行预备立宪。1905年，清政府迫于局势的压力，派遣五大臣出洋考察各国宪政。考察的结果，清统治者发现实行日本式的二元君主制立宪，既能确保"皇位永固"，又能够使"内乱可弭"，对维护摇摇欲坠的清王朝统治大有好处。于是，1906年9月清廷颁发上谕，宣布"仿行宪政"，实行"预备立宪"，而将真正规军的立宪日期，推到遥远的将来。尽管清政府的所谓"预备立宪"只是权宜之计，但却给了以康有为、梁启超为代表的改良派莫大的希望，激励了他们与革命党人斗争到底的勇气，同时也在一定时期内和一定程度上使他们的保皇改良主张有了一些市场，从而使这场论战更加激烈和尖锐。

《民报》是革命党人论战的主要阵地，同时散布在海内外各地的革命报刊，如南洋的《中兴日报》、檀香山的《民生日报》(后改为《自由新报》)、旧金山的《大同报》、曼谷的《华暹新报》、仰光的《光华报》、温哥华的《大汉公报》、香港的《中国日报》等，也纷纷投入了战斗，发表文章批判改良派的保皇谬论。改良派的主要喉舌，是梁启超在日本东京主编的《新民丛报》，除此，分布在南洋的《南洋总汇报》、檀香山的《新中国报》、旧金山的《文兴报》、香港的《商报》、广州的《岭海报》以及《启南新报》、《日新报》等也积极为改良派摇旗呐喊，与革命派展开论战。论战的主要地点有国外的东京、横滨、新加坡、檀香山、旧金山、温哥华、仰光和国内的上海、广州及香港。双方论战的主帅分别是孙中山和梁启超。虽然在论战的前期，孙中山由于忙于领导武装起义，对清政府进行武力的批判，而没有亲自撰写论战文章，但他经常过问论战的情况，关心论战的进展。他的三民主义是革命党人论战的立论基础，《民报》的发刊词是他写的，他对三民主义的全面阐述，有力地驳斥了保皇派反对革命的论调，成了革命党人批判改良派的锐利武器。《民报》第1、第2号上发表的由汪精卫署名的《民族的国家》，第6号由汪精卫所撰写的《驳革命可以召瓜分说》，第12号由胡汉民署名的《告非难民生主义者》等重要论战文章，都由孙中山口授而成。这些文章以大量而无可争辩的事实，揭露了清政府投降卖国，残虐人民的罪行，指出清王朝的反动统治是导致中国积弱积贫不能独立的根源，只有用革命手段推翻这一"野蛮专制政体"，建立资产阶级的民主共和国，才能使中国免遭列强的瓜分，实现独立富强。而改良派非难革命，想方设法为清王朝辩护、开脱罪责，这说明他们所标榜的爱国是假的，他们所爱的是虏民媚外的清政府。除上述文章外，《民报》发表的其他重要文章，如朱执信的《论满政府欲立宪而不能》《社会革命与政治革命并行》《心理的国家主义》《就论理学驳〈新民丛报〉论革命之谬》，陈天华的《论中国宜改民主政体》《中国革命史论》，胡汉民的《民报六大主义》，汪精卫的《驳〈新民丛报〉最近之非革命论》等，也都是在孙中山的指导下撰写和发表的。孙中山还拒绝过梁启超提出的"调和"要求，坚持把论战进行到底。事情的经过是：1907 年 1 月，在与革命党人的论战中已明显处于劣势的梁启超托一个叫徐应奎的人，通过宋教仁向《民报》提出要求"调和"，说什么"以前《新民丛报》和《民报》论战是出

1906 年 4 月，孙中山在新加坡建立中国同盟会分会，这是他与会员们在晚晴园的合影

于'不得已'，希望双方以后'和平发言，不互相攻击'"。梁启超还亲自私见汪精卫，想以乡谊感动他，希望《民报》能停止论战。第二天，宋教仁、胡汉民就此事向孙中山请示，孙中山明确表示：坚持到底，决不妥协，反对章太炎"可以许其解和"的主张。

1907年3月，孙中山被日本政府迫令出境，转赴南洋展开革命活动。次年10月，《民报》又被日本政府无理封禁。于是，革命派和保皇派的重要骨干陆续南移，南洋成了双方争夺的重要地盘。当时，康有为的弟子、保皇派的重要人物徐勤想乘同盟会先后发动的一系列起义均告失败的有利时机，一举击败革命党人，以壮大保皇派的声威，便在《南洋总汇报》上发表文章鼓吹"革命必不能行于今日""革命足以召瓜分"的谬论。其他一些保皇派党人也纷起响应。而对保皇派的进攻，孙中山提出了"攻心为先，以至理服人"的论战方针。他一面口授胡汉民等编印有关立宪和外文的小册子，散发各地，批驳保皇谬说；一面组织先后到达新加坡的黄兴、田桐、汪精卫、林时塽等撰文参加论战。他自己还于这年的九十月间，以"南洋小学生"的笔名，在《中兴日报》上发表了《论惧革命召瓜分者乃不识时务者也》《平时尚不肯认错》和《开实口便错》三篇论战文章，对保皇派所散布的种种谬论进行批驳。经过几番论战，保皇派很快就败下阵来，就连当地守旧的《叻报》也认为是"革命党理长，保皇党理短"。

## 二、论战的主要问题

此次论战的规模之大，时间之长，参战人员之多，论战之激烈，在中国近代史上都是前所未有的。论战主要围绕孙中山的三民主义而展开。

（一）关于民族主义的论战：要不要用暴力推翻清政府，这是全部论战的中心问题。以孙中山为代表的革命派主张用暴力推翻清政府。因为在他们看来，清政府已成了"洋人的朝廷"，是一个"放弃主权，分裂河山，今日卖铁路，明日赠矿山，罪恶滔天，神人共愤"的卖国政府，帝国主义所以"乐存此旧政府，以其为桃梗土偶"，完全是为了"便于盗窃"，以亡中国。同时他们还以大量的历史事实，揭露自 17 世纪中叶清王朝建立以来，对汉族人民实行的种种民族歧视和民族压迫政策，抨击满洲贵族入主中原是据其土地山河，窃其子女玉帛，践汉人之土，食汉人之毛，日受汉人之豢养而不思感戴汉人。是人们所说的"倒行逆施者"。所以，推翻这样一个对外卖国、对内实行民族歧视和民族压迫的"恶政府"，具有其充发的合理性、正义性和必要性。

以梁启超为代表的改良派则从"保君保国"的立场出发，不仅否认清政府已成为"洋人的朝廷"，是一个出卖国家主权的卖国政府，而且还否认清政府推行过民族歧视和民族压迫政策，说什么清朝统治为中国数千年所无，亦为地球万国古今所未有的"至仁之政"，光绪皇帝是"天生皇上之圣仁"，"所以救中国生民者也"。他们认为满汉早已平等，满汉之间根本不存在什么民族歧视和民族压迫问题，他们举例说：国朝之制，满汉平等，汉人有才者，匹夫可为宰相。外官则维才是举，绝无满汉之分。他们甚至否认中国存在着封建建度和封建压迫，认为中国久废封建，自由平等已两千年，与法国之十万贵族压制平民，事既不类，所谓的民族歧视和民族压迫是革命派的无病而学呻吟。既然清政府没有卖国，也没有对汉族人民实行民族歧视和民族压迫，甚至连封建建度和封建压迫都不存在，那革命还有什么必要呢？所以改良派攻击革命派倡言反清革命，是"丧心病狂"，是"无忧而服（鸩）自毒，强健无病而引刀自割"。

针对以梁启超为代表的改良派的上述观点，以孙中山为代表的革命派质问道：满人和汉人的人数与官缺不成比例，满人多，汉人少；汉员升转与满员升转有迟速的不同，汉员迟，满员速，这难道是民族平等吗？满族统治者对待汉族的读书人，就像对待奴隶娼妓一样，随意使唤和打骂，这真的是他们无意中的行为吗？满族统治者对待汉族的工商业者，动不动就征收厘金，摊派赔款，随意敲诈勒索；对待汉族农民，除重征浮收外，还岁征漕米，以供养满族的旗丁，这难道是国民应尽之义务吗？满族统治者对待一般的汉族平民百姓，施以滥刑苛法，而且还不许越诉，更有甚者满族人作奸犯科而不允许汉族官员惩治，这难道不是民族歧视和民族压迫？他们一针见血地指出，满洲贵族对广大汉族人民实行民族歧视和民族压迫，这是铁一般的事实，不是改良派对清王朝的美化所能否认掉的，改良派所以要颠倒是非，混淆黑白，美化清王朝，否认满洲贵族对广大汉族人民的民族歧视和民族压迫，其目的不仅仅是要维护清王朝的统治和报光绪的恩德，而且还有不可告人的私心，即以此来换取清王朝对自己的信任，以便做帝师、宰相，入内阁军机。

为了达到反对革命的目的，以梁启超为代表的改良派断言，中国一旦爆发革命，必将亡国无疑。因为"革命之举，必假借于暴民乱民之力"，而乱民一起，则将杀人盈野，流血成河，给社会造成巨大的破坏，同时也会"唤起各地方的排外势力"，"闹教案杀西人"，危害列强在华的既得利益，这样也就必然会引起列强的干涉，并乘机出兵瓜分中国，其结局是中国亡国。以孙中山为代表的革命派则强调资产阶级革命不同于旧式的农民起义，是有秩序的运动，不会发生"恐怖时代之惨状"，更不会引起改良派所说的内乱，从而召致帝国主义的瓜分。他们认为，中国所以会面临被帝国主义瓜分的危险，原因就在于清王朝的腐败无能，因此，与其说革命会召致瓜分，还不如说清王朝的存在会导致瓜分，要挽救民族危亡，避免被帝国主义瓜分，其不二法门是推翻腐败卖国的清王朝。

以梁启超为代表的改良派把革命描绘得像毒蛇猛兽、洪水泛滥那样的恐怖可怕，认为民权之害，就像洪水决堤一样，浩浩荡荡，怀山襄陵，大浸稽天，没有什么不被淹的；亦如同猛兽出笼，无所不噬。他们以法国大革命为例，说法国革命一百二十九万人流血以去一君，卒无所成，中国如果革命，那就不是一百二十九万人流血的问题，四万万人都会被杀尽。他们诋毁法国大革命妄行杀戮，惨无天日，咒骂罗伯斯庇尔、马拉、丹东这些名垂千古的法国大革命领导人是"恐怖杀戮，贤哲同焚，流血百二十九，祸垂八十余年之弥天大恶"的"酷毒民贼""屠伯悍贼"，宣称"虽尼罗之暴臣民，第度之屠犹太，亦无若法革命之大祸"。所以，他们反对革命，反对用暴力推翻清王朝的统治，而主张用和平的手段，"劝告"和"要求"清政府实行"开明专制"或"君主立宪"。用梁启超发表在《新民丛报》第79期的《答某报第四号对于本报之驳论》一文的话说："我国民对于现政府所当行者，本有两大方针：一曰劝告，二曰要求……所劝告者在开明专制，而所要求者在立宪。"改良派要人们相信：只要清政府真心诚意地实行"开明专制"或"君主立宪"，内修政治，外联邦交，必能达救国之目的。以孙中山为代表的革命派承认革命会流血，但它有一定的限度，并非改良派说的那样恐怖可怕，而且就是"不革命则杀人流血之祸"也无法避免，甚至流的血会更多，因为革命之时，杀人流血，于双方之争斗见之。而不革命之杀人流血，则一方鼓刀而屠，一方束手待死。即使是立宪，也同样会流血。他们以英日两国的"立宪史"为例：这两个国家立宪引起的"杀人流血之数，殆不减于中国列朝一姓之鼎革，犹皆斑斑可考也"。实际上，他们指出，"革命流血之少，而较之不革命遭清政府有形或无形之杀戮流血之多，相差何止百数十倍"。针对改良派对法国革命的诋毁，以孙中山为代表的革命派则称赞法国革命，革除王位，宣布人权，乃为新世纪革命之纪元，"世界所以有今日之进步者，法兰西之革命为之也"。他们主张中国向法国学习，推翻清王朝的统治，建立一个民主、自由的新国家。

以孙中山为代表的革命派重点批驳了改良派关于中国不必革命、只需改良的谬论。他们指出，要挽救中国危亡，实现强国富民的目的，只有革命，用暴力手段推翻清王朝，其他所有"补苴罅漏，半新半旧之变法"都无济于事。孙中山形象地把清政府比作一座将要倒塌的大厦，任何枝枝节节的修补、支撑都于事无补，只有将它推倒，彻底清理旧的基地，然后才能在旧基地上建立新的大厦。革命派以历史为证，"中国未有一朝之内，自能扫其积弊者也，必有代之者起，于以除旧布新，然后积秽尽去，民困克苏。不革命而能行改革，乌头可白，马角可生，此事断无有也"。他们强调在清王朝已成了"洋人的朝廷"、成了列强掠夺和统治中国的奴才和工具的情况下，要救亡，就必须"排满"，而不能"扶满"，否则就像"扬汤止沸，抱薪救火"一样，结果只能适得其反。如果说在戊戌时期，改良还有其进步意义的话，那么，随着时代的前进，改良已经落伍于时代，"革命之宣告殆已为全国之所公认，如铁案之不可移"，不是几个改良派所能否定得了的。

（二）关于民权主义的论战：要不要建立资产阶级共和国，这是以孙中山为代表的革命派和以梁启超为代表的改良派争论的又一问题。革命派把民族革命与政治革命紧密地联系在一起，主张在从事推翻清王朝的民族革命的同时，实行政治革命，建立资产阶级共和国。孙中山在《民报》创刊一周年庆祝大会的演说词中即明确指出："我们推倒满洲政府，从驱除满人那一面说是民族革命，从颠覆君主政体那一面说是政治革命，并不是把来分作两次去做。讲到那政治革命的结果，是建立民主立宪政体。"然而改良派则主张君主立宪，甚至主张"开明专制"。康有为在《法国革命史论》中坚持他早年的庸俗的三世进化说，认为历史的发展必须由据乱世经过升平世，才能进入太平世，即由封建专制必须经过君主立宪，才能实现民主共和，这个过程，是不能逾越的。梁启超不仅认为实行民主共和是

"躐等"，实行君主立宪也是"躐等"，君主立宪非十年乃至二十年以后，不能实行，现在能实行的只能是"开明专制"。如果"躐等"，实行民主共和，必至于亡国，而实行君主立宪，"则弊余于利"。所以他一再强调：与其共和，不如君主立宪；与其君主立宪，又不如开明专制，就现实来看，除开明专制外，是没有其他道路可走的。

革命派对改良派的所谓"躐等"论，即封建专制只有经过开明专制和君主立宪，才能实现民主共和的谬论进行了批驳。孙中山在东京留学生大会上发表的演说词指出，改良派的所谓"躐等"论非常愚蠢可笑，学习外国应取法乎上，学最进步的东西，这样中国才能迎头赶上西方发达国家，改变自己落后的局面，否则，按部就班，循序发展，中国将永远落在欧美各国的后面，受他们的欺负和侵略，而无独立富强之日。他打比方说：这就像修铁路，开始时铁路之汽车（即蒸汽机——引者）非常"粗恶"，后来逐渐得到改良进步，中国现在修铁路，是采用最开始的"粗恶"之汽车，还是直接采用"最近改良之汽车"呢？答案当然是后者。既然修铁路可以"躐等"，直接采用"最近改良之汽车"，政体为什么就不能"躐等"，直接采用比开明专制和君主立宪更好、更进步的民主共和呢？

在要不要建立资产阶级共和国的问题上，以孙中山为代表的革命派和以梁启超为代表的改良派争论的焦点是：中国人民是否具备共和国国民的资格。改良派认为，只有能行议院政治能力的国民，才能享受民主共和，而中国由于几千年的封建专制统治，民智未开，国民行议院的政治能力极差，需要经过长时期的培养。否则，如果骤然实行民主共和，"社会险象"将"层见不穷，民无宁岁"，出现社会动乱，结局必然归于专制。梁启超在1906年4月出版的《新民丛报》第79期上，以饮冰笔名发表《答某报第四号对于本报之驳论》一文，针对《民报》第3号以"号外"形式发表的《〈民报〉与〈新民丛报〉辩驳之纲领》，再次重申："本报论文最要之论点，曰今日之中国万不能行共和立宪制；而所以下此断案者，曰未有共和国民之资格。"他指出，判断有无共和国民之资格的标准，既不是自由、平等、博爱的精神，也不是"公法"和国家观念，而是能行议院政治能力。中国人民根本不具有这种能力，因为这种能力的养成"必在开明专制时代或君主立宪时代，若非在此时代，则非惟数十年不能，即数百年亦不能也"，而中国则没有经历过开明专制或君主立宪时代。梁启超宣称，如果不经过开明专制或君主立宪时代，不提高国民"能行议院政治能力"，就贸然搞政治革命，实行民主共和，其结局只有两种：一是由刘邦、朱元璋辈实行个人专制；二是由军政府实行少数人专制。他指责革命派打着共和的旗号，实际上是刘邦、朱元璋自为。他说："故持革命论者，如其毋假共和立宪之美名以为护符，简易直捷以号于从曰：吾欲为刘邦，吾欲为朱元璋，则吾壮其志，服其胆，而嘉其主义之可以一贯也；而必曰共和焉共和焉，苟非欺人，必其未尝学问者也。"

革命派不同意改良派的关于中国人民不具备共和国国民的资格因而不能实行民主共和的观点。孙中山举例说，檀香山的土著、美国南部的黑奴可以实行共和，成为共和国的国民，难道中国人民反比不上檀香山的土著和美国的黑奴吗？如果说中国人民没有资格实行民主共和，那就是认为自己不如檀香山的土著和美国的黑奴，这无疑是对广大中国人民的诬蔑和诋毁。陈天华以大量不可辩驳的事实说明，中国不仅有必要实行民主共和，中国人民亦有能力实行民主共和。他指出，中国人民的能力并不比世界上别的民族差，只是由于长期受封建专制的压迫，无法表现而已。实际上早在西方各国尚处在原始社会的时候，中国文明就已经很发达了，近几年自民族主义提倡以来，得到了中国人民的积极响应，"如风之起，如水之涌，不可遏抑"，这说明中国人民是有实行民主共和的政治能力的。改良派说中国人民无实行民主共和之能力，这纯粹是无稽之谈。革命派进一步指出，与广大人民群众的能力相比，清统治者的能力更差，都是一些"至不才至无耻者"，"所谓皇帝，以世袭得之，不辨菽麦"，"所谓大臣，以蝇营狗苟得之，非廉耻丧尽，安得有今日？"然而以梁启超为代表的改良派却认为他们有能力实行开明专制或君主立宪，有能力培养人民群众"能行议院政治能力"，而真正有能力的人民群众却没有能力实行民主共和，这岂不是黑白颠倒！退一步说，就算由于几千年的封建专制统治，中国人民"能行议院政治能力"极差，但能力差可以用革命提高之，"革命者，救人世之圣药也。终古无革命，则终古成长夜矣"。（陈天华《中国革命史论》）革命派一针见血地指出，改良派所以要贬低人民群众的能力，目的无非是"扬扬然望满洲人专制而已"。

（三）关于民生主义的论战：要不要实行土地国有制？以孙中山为代表的革命派主张"举政治革命、社会革命毕其功于一役"，在建立资产阶级共和国的同时，"平均地权"，实行土地国有制，即核定全国地价，"其现有之地价，仍属原主所有；其革命后社会改良进步之地价，则归于国家，为国民所共享"，从而避免西方贫富悬殊的社会弊病在中国重演。他们称这样一个"纯粹资本主义的、十足资本主义的土地纲领"为"社会主义"纲领。

尽管如我们在上一章已指出的那样，革命派的土地国有政策具有很大的妥协性，而且也不可能实现，但它仍遭到了与封建土地所有制有着千丝万缕联系的改良派的激烈反对。他们认为封建土地所有制是合理的，神圣不可侵犯，而土地国有制则违背"自然法则"，将妨碍社会进步，给生产力造成巨大破坏，"今日一旦剥夺个人之土地所有权，是即将其财产所有权最重要之部分而剥夺之，而个人勤勉殖富之动机，将减去泰半"。他们害怕土地国有制因对地主土地所有权的剥夺，使地主不仅在经济上蒙受莫大之损害，而且在政治上也会造成一定的危害，从而动摇清王朝的统治基础。因此，他们攻击革命派的"土地国有"主张是"掠夺政策"，是"撷拾布鲁东、仙士门、唛喀士（即普鲁东、圣西门、马克思——引者）等架空理想之唾余，欲夺富人之所有以均诸贫民"，是"利用此以博一般下等社会之同情，冀赌徒、光棍、大盗、小偷、乞丐、流民、狱囚之悉为我用，惧赤眉、黄巾不滋蔓而复从而煽之"。梁启超在《新民丛报》第90、第91、第92号上发表的《再驳某报之土地国有论》的长文中，从财政、经济和社会问题方面提出39条理由，断言"土地国有论之不能成立"。因此他要求"扫荡"土地国有这一"魔说"，并表示：就是将刀子抵到自己的胸口上，自己也一定会大声疾呼曰："敢有言以社会革命与他种革命同时并行者，其人即黄帝之逆子、中国之罪人也，虽与四万万人共诛之可也。"

对于改良派的挑战，革命派进行了反击。先是朱执信（署名县解）在《民报》第5号上发表《论社会革命当与政治革命并行》一文，着重论述了"社会革命"的必要性和可行性，认为中国的"政治革命"与"社会革命"同时并举是最有利的办法，并对改良派所散布的"社会革命"是所谓"贫民专政"、是"强夺富民财产而分之人人"的观点进行了辩驳，强调"社会革命固欲富者有益无损也"。接着《民报》第12号发表了署名"民意"的《告非难民生主义者》的长篇论文，着重从经济理论和经济史的角度，批驳了改良派对土地国有主张的诋毁，指出土地国有制不仅不会像改良派所说的那样妨碍人们从事生产的积极性，相反由于消除了社会上"坐食土地之利"的地主阶级，使资本转入工业生产，还会促进社会生产的发展，保障劳动者的生活。不久《民报》又先后发表《土地国有与财政》（第15、第16期连载，作者朱执信，署名县解）和《斥〈新民丛报〉驳土地国有之谬》（第17期）两文。前文从考察中、英两国财政的历史和现状入手，论证土地国有之可行，驳斥了梁启超在《再驳某报土地国有论》一文中"专就财政以攻击吾辈之说"的种种谬论；后文则对革命派主张土地国有政策与重农学派土地单税论之间的差别作了辨析，指出改良派的攻击实际上是把土地国有论当成了土地单税论，因此牛头不对马嘴。

由于革命派内部本身对"平均地权"的认识就存在着分歧，加上孙中山提出的土地国有方案又缺少可操作性，所以革命派虽然对改良派的一些观点进行了批驳，但总的来看不够有力，许多问题也没有展开讨论，更没有引起社会舆论的广泛注意。这说明当时人们更关心的主要问题，是要不要推翻清王朝和建立资产阶级共和国。

## 三、论战的评价

这场围绕孙中山的三民主义而展开的革命派和改良派的论战，是继维新变法之后发生的又一次中国近代史上的思想解放运动，它为辛亥革命做了必要的思想准备和干部准备，其历史意义不可低估。

首先，通过这场论战，划清了革命和改良的路线，扩大了革命派的影响。据统计，1905 年论战高潮之际，留日学生大约有 8000 人，按其政治思想大致可以分为"革命"与"保皇立宪"两派，其中以"保皇立宪"者为多。但到了 1906 年，双方阵营就发生了明显变化。梁启超在给乃师康有为的信中写道："革党现在东京占极大之势力，万余学生从之者过半……近且举国若狂矣。"这年 12 月，革命派借东京锦辉馆召开《民报》周年纪念大会，有七八千人出席，散发增刊增书券五千多份，盛况空前，会议从上午 8 时一直开到午后 2 时，"会场中人人感慨淋漓"，"其辩理则静，及动于情激越而不可制"。1907 年《新民丛报》的一篇文章在谈到革命派与改良派势力之消长时不得不承认："数年以来，革命论盛行于中国；其旗帜益鲜明，其壁垒益森严，其势力磅礴而郁积。下至贩夫走卒，莫不口谈革命而身行破坏……至于立宪政体者，在今日文明诸国中，必流无量之血，掷无数之头颅，乃始得此君民冲突之结果，而在于吾国，似为一极秽恶之名词。"正因为革命派与改良派势力之消长的变化，1907年初，梁启超托人致意革命派要求休战，但被孙中山等人拒绝。他们理直气壮地指出：真理愈辩愈明，如果立宪派的立宪之说果有真理，就应该继续和革命党人辩驳下去，"一驳不胜则再驳，再驳不胜则三驳，至于十驳，极于千驳，尽摧《民报》议论之根据，使无立锥"。立宪派既然害怕与革命党人继续辩驳，可见其立宪之说根本就是错误的。革命派宣称，他们将把辩驳进行到底，犁庭扫穴，不留余种以毒人矣。其结果，梁启超不得不将《新民丛报》停刊，而另行成立政闻社，从事立宪活动。其次，通过论战，宣传了孙中山的三民主义思想，三民主义作为同盟会的革命纲领，为越来越多的留日学生所接受。

以孙中山为代表的革命派虽然取得了论战的胜利，但我们也应看到，在论战中，革命派也暴露了不少理论上的弱点。

首先，在围绕民族主义的论战，亦即要不要推翻清王朝的论战中，革命派过于集中于"反满"宣传，不恰当地强调了满汉之间的种族区别，有的人甚至把清王朝说成是"异族"政权，认为满洲人入关是"中国亡国"，所以作为汉人，要推翻满人的"异族统治"，"建立汉族新国家"。革命派的"反满"宣传，在当时的历史条件下，对于动员广大汉族官僚、知识分子和人民群众结成最广泛的反清革命统一战线，最大限度地孤立少数满洲统治者，起了一定的积极作用，这也是武昌起义后革命能迅速取得胜利的一个重要原因。胡汉民后来在《自传》中回记辛亥革命说："从来中国历史论一代政府之倾覆者，辄曰：'人心已去，事无可为'。此于满清之亡为尤剧！中流人士固多有发愤亡秦之志，而民众亦既厌且增；即其文武大僚从得禄位，当与共休戚者，亦更不为之效忠致力。革命军起，封疆大吏辄望风窜走，否则树降旗以求自保。"这与太平天国时期的情况形成鲜明对比："曾国藩、胡林翼辈……使清室亡而复存，其他为满洲城守死节者，亦相望于道。至辛亥革命，而一切呈相反之现象。以此较衡，可知排满宣传战胜一时之思想者，实为根本之成功。"但这只是问题的一方面；问题的另一方面，革命派的"反满"宣传，也带来了不少消极影响。由于过于强调"反满"，冲淡了反封建的色彩。革命派的一些文章，为了"反满"的需要，不加分析地歌颂汉族的悠久历史、文化和典章制度，歌颂历代汉族统治者的"德政"，宣扬秦汉以后中国已不存在贵族阶级，人民已享有不少民主自由权利，甚至把封建糟粕当作"国粹"来赞美。这样，一种倾向就掩盖了另一种倾向，对满洲贵族所实行的民族压迫政策的揭露和批判，取代了对封建统治者所实行的阶级压迫的揭露和批判，在猛烈地反对清王朝统治的同时，却放过了吃人的封建主义。未能对封建主义进行彻底清算，这也是辛亥革命在推翻清王朝后便迅速走向失败的原因之一。

以孙中山为代表的革命派也未能很好地回答改良派在论战中提出的革命会引起动乱，从而招致帝国主义干涉的问题。包括孙中山在内的大多数人认为，只要革命能够"文明""有秩序"地进行，就不会发生动乱，帝国主义也就失去干涉中国革命的借口。他们不懂得"革命是人民的节日"，只有充分发动人民群众、保护和调动他们的革命热情，革命才有成功的可能。而革命派试图用"秩序"来束缚人民的手脚，将革命限制在他们所许可的范围以内，这反映了他们害怕人民群众、不相信人民群众的政治态度。不敢充分发动人民群众，这是辛亥革命在推翻清王朝后便迅速走向失败的又一重要原因。他们也不懂得帝国主义是中国封建主义的靠山，为了维持和扩大它们在华的侵略势力，帝国主义必然要支持中国的封建势力，干涉和破坏中国革命。革命派天真地以为，只要将革命限制在一定的范围内，并有秩序地进行，不使帝国主义的利益受到任何侵害，就不会引起帝国主义干涉。所以他们一再声明：革命的目的，是排满，而非排外。他们甚至在宣言里郑重其事地承认帝国主义与清政府签订的所有不平等条约，企图以此来换取帝国主义对革命的同情。但事实证明，这只能是一厢情愿的幻想。梁启超就批评革命派以为"秩序的革命绝不给外国以干涉之口实"的想法，只不过是自欺欺人而已。就此而言，比起革命派，以梁启超为代表的改良派对帝国主义侵略本质的认识更为清醒，他们提出的帝国主义一定会制造借口干涉中国革命的看法也是正确的。他们的问题不在于提出了帝国主义的干涉，而在于想用帝国主义干涉来吓唬革命派，抵制革命的发生。

其次，在围绕民权主义的论战，亦即要不要建立资产阶级共和国的论战中，以孙中山为代表的革命派虽然批驳了改良派提出的"躐等"论，即从封建专制到民主共和，必先经过开明专制和君主立宪的过渡，坚持认为在推翻满洲异族统治之后，就能直接建立起民主共和制度，但他们却把民主共和制度的建立看得太简单、太容易了，而没有认识到它的艰巨性和复杂性，以为只要推翻清王朝，废除君主政体、确立共和政体，民主共和制度就建立了起来，一切也就万事大吉了。他们不懂得，君主制度的废除，并不等于封建制度的被推翻；共和政体的确立，也不等于民主共和制度的建立，只有彻底打倒封建势力，推翻整个封建制度，才能使民主共和制度真正建立起来。否则，如果仅以变更政体为目的，而不触及整个封建制度，那么在新的政体下还会出现新形式的专制，甚至出现封建制度的全面复辟。辛亥革命后的历史就充分证明了这一点。

以孙中山为代表的革命派对建立民主共和制度的艰巨性和复杂性的认识不足，还表现在他们对改良派以中国人民尚不具备共和国民的资格为理由、反对在中国建立民主共和制度的种种论说的批驳上。从他们批驳的理由来看，如有的学者所指出的那样，"他们对国民的了解甚笼统，除了皇帝及助其掌握最高权力的一小部分人，其余皆为国民，没有经济上、政治上、思想上的差别，也没有自身权力的认知与争取实现的过程，只要去掉现时压在他们头上的异族专制政府，则尽天下尽是共和国民，共和立宪之实行乃是自然而必至的事实……未曾考虑从专制到民主的过渡是一长期曲折的过程"。（耿云志等著：《西方民主在近代中国》，第84—85页）汪精卫就曾一再声称："革命之后，必为民权立宪，何也，其时已无异政府，只有一般国民故也。"也正因为革命派对建立民主共和制度的艰巨性和复杂性认识不足，过于乐观地相信中国人民天生就具有实行民主共和政治的能力，所以在从事革命的过程中，他们几乎没有对人民群众进行过革命教育，进行过民主政治能力的培养，广大人民群众根本不知道民主共和为何物。与革命派相比较，以梁启超为代表的改良派更重视对人民群众政治能力的培养。

最后，在围绕民生主义的论战，亦即要不要实行土地国有制的论战中，革命派虽然批判了改良派维护封建土地制的主张，表示要解决土地问题，但他们提出的"平均地权"的土地纲领，不是要把土地分配给农民，所以当改良派指责革命派的土地纲领是要"夺富人之田为己有"时，他们则解释说，社会革命并非是要夺富民之财产，以散诸广大贫民。不分配给农民土地，土地问题就不可能得到根本解决，而土地问题不解决，就不可能调动广大农民的革命积极性，甚至得不到农民的支持。农民不投身革命，革命就没有取得最后胜利的可能。这是辛亥革命在推翻清王朝后便迅速走向失败的另一重要原因。

另外，革命派提出的"平均地权"，用列宁的话说，本来是一个实足的资本主义的土地纲领，然而革命派却把它当作社会主义纲领来宣传，要"毕"民主革命和社会主义革命之"功于一役"。这样就混淆了民主革命和社会主义革命两个阶段的不同任务，不可避免地要引起人们思想的混乱。

改良派也正是抓住了革命派的这一理论上的偏差，批评革命派不顾中国国情，机械地照搬欧美的社会主义学说，在帝国主义经济侵略面前，不仅不大力发展资本主义，保护资本家的利益，反而要"以排斥资本家为务"，阻碍资本主义的发展。应该说，改良派的上述批评有其一定道理。就对中国社会性质的估计而言，以梁启超为代表的改良派比之以孙中山为代表的革命派可能更正确一些。

由孙中山领导和发动的这场革命派与保皇派围绕三民主义而进行的论战，最后以革命派的大获全胜而宣告结束。论战的胜利，推动了革命形势的发展，从理论上为中华民国的创立做了必要的准备。

## 第六章

# 领导反清武装起义

制定《中国同盟会革命方略》

两广、云南边境起义

广州新军和黄花岗起义

## 一、制定《中国同盟会革命方略》

同盟会成立后，孙中山一面领导革命党人"与保皇派大战"，批判他们散布的种种反对革命、反对民主共和国的谬论，一面领导革命党人从事武装斗争。

1905年10月孙中山离开日本，前往越南、新加坡等地，为在中国的华南地区发动武装起义做准备。实际上，早在1897年8月至1998年8月，孙中山在与日本友人宫崎寅藏、平山周等人的笔谈中，就讨论过武装起义的"地点"问题，认为武装起义的地点应该选择在容易得到外面武器接济的边境地区。1905年7月下旬，孙中山和黄兴首次见面时，也就武装起义的"地点"问题进行过讨论，他提出以两广边境地区作为武装起义的地点，而黄兴则主张把武装起义的地点放在长江一带。后来经过孙中山的反复说服，黄兴接受了孙中山的主张。据参加过孙黄这次会见的宫崎寅藏记载：

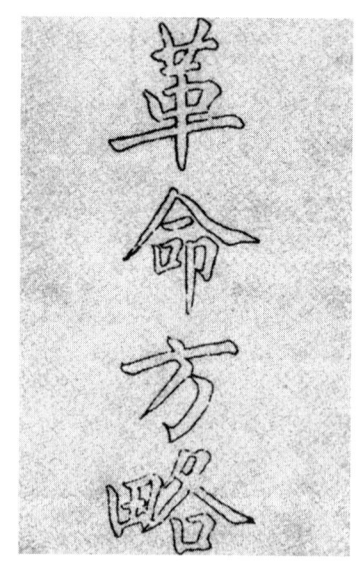

孙中山、黄兴、章太炎等在日本东京制定的《革命方略》

"孙和黄第一次在凤乐园见面，就进行了激烈的争论。……黄主张从长江一带开始干，孙则主张从广东开始干。黄对孙说：'你不要光讲自己老家好不好。'孙说：'你要在长江一带干，但从哪里运送武器呢？长江一带很难运送武器进去，你知道吗？而广东则有几个运送武器的地方。'争来吵去，终于是黄兴屈服了。"（《宫崎寅藏谈孙中山》，《孙中山资料专集》，第316—317页）同盟会成立后，孙中山投入了不少精力和时间筹划和准备两广地区的武装起义。他在越南的河内、海防和西贡等地，积极联络广西的会党首领，成立同盟会分会组织，建立从事武装起义的筹备和联络机关，并依托侨商，发行债券，募集起义经费。

一年后，1906年10月，孙中山回到日本东京。为了适应武装起义的需要，他亲自主持，和黄兴、章太炎等同盟会的领导人一起，制定了指导全国武装起义的纲领性文件——《中国同盟会革命方略》。

《革命方略》由《军政府宣言》《军政府与各处国民军之关系》《军队之编制》《战士赏恤》《军律》《略地规则》《因粮规则》《安民布告》《对外宣言》《招降满洲将士布告》《扫除满洲租税厘捐布告》十一篇文件组成（1908年又增加两个文件，即《招军章程》和《招降清朝兵勇条件》），专供各地革命党人发动起义时动员群众、鼓舞士气、瓦解敌军和指导对外关系之用。

孙中山把同盟会的十六字纲领，即"驱逐鞑虏，恢复中华，创立民国，平均地权"写进了《革命方略》，就武装起义、建立军政府与实现三民主义的关系进行了阐述，认为要实现三民主义，就必须用革命的暴力推翻清王朝的统治，建立起军政府。他指出，"今军政府与我国民驱逐鞑虏，恢复中华，大兵所至，举满洲政府不平等之政治，摧廓振荡，无俾遗孽"。他并且号召革命战士要不爱其命，普通老百姓要不惜其力，这样的话，革命就可以成功，军政府就可以建立，"愿我四万万人共勉之"。

在《革命方略》中，孙中山对军队的性质作了规定。他指出，国民军是国民革命的武装力量，"以国民组织而成，……以主义集合，非以私人号召"。国民军的宗旨是同盟会的"十六字"纲领。1908 年，孙中山又把同盟会的"十六字"纲领正式定为军人的誓词。这说明，孙中山要建立的是一支服从和服务于革命的军队，而非谋求一己私利的私人武装。他还特别就军队和人民的关系作了规定，军队要为人民英勇破敌，保护人民的利益不受侵害，而人民要为军队提供给养，并且不要妨碍军队执行任务，维护军队的稳定。

《革命方略》还就军队的体制编制，包括各级军事单位的兵员和军官编制、各兵种编制、军阶定制、军饷定额、军队纪律条令、奖赏恤典等作了规定。它以清政府的新军编制为蓝本并加以改造而成。军队纪律 22 条，包括军事作战和政治刑事两方面。而《革命方略》中的《略地规则》，是讲如何通过国民军的攻取，将清政府上至省会、下至州县的各级政权置于军政府的控制与管辖之下。

孙中山主持制定的《中国同盟会革命方略》反映了他早期的建军思想，它对指导同盟会后来发动的一系列武装起义和武昌起义后和各省独立都具有十分重要的意义。

同年 12 月，在东京同盟会总部的指导下，同盟会会员刘道一、蔡绍南等领导的萍、浏、醴起义爆发，起义军曾扩大到三万人，一度控制了四五个县，震动长江中、下游各省。当起义的消息传到东京后，在同盟会中引起了很大反响，不少会员纷纷表示要回国参加战斗。孙中山也特别兴奋，认为"机不可失"，于是和黄兴一起，立即选派宁调元、杨卓霖、胡瑛、孙毓筠等回国，赶赴各省发动起义予以响应。但由于萍、浏、醴起义事发仓促，准备不足，还没待各省的响应发动起来，起义就被清政府镇压了下去，同盟会会员刘道一和会党领袖冯乃古等人被捕牺牲，群众死者达万余人。

对于萍、浏、醴起义的失败和刘道一的死，孙中山极为痛惜，他曾作七律诗一首，诗云：

半壁东南三楚雄，刘郎此去霸图空。

尚余遗孽艰难甚，谁与斯人慷慨同？

塞上秋风嘶战马，神州落日泣哀鸿。

几时痛饮黄龙酒，横揽江流一奠公？

萍、浏、醴起义虽然很快就失败了，但它沉重地打击了清朝统治者，在国内外引起了巨大反响，促进了全国尤其是西南和华南地区革命形势的高涨。当时，在广西壮族地区流传有这样一首歌谣：

多亏孙文倡导革命，四处奔走救国救民。

他劝告老少齐参加，恢复中华打倒满清。

全国革命形势的高涨，使清政府大为恐慌。为了达到打击同盟会的目的，清政府再三要求日本将孙中山驱逐出境。1907 年 3 月，孙中山在胡汉民、汪精卫等人陪同下被迫离开日本经新加坡转赴越南，在河内设立了领导西南武装起义的总机关，准备就近策划广东、广西和云南三省的起义。孙中山之所以选择两广和云南作为起义地点，是因为这些省份地处边境，会党十分活跃，有较好的群众基础，易于发动，地域宽阔，地形复杂，易守难攻，有利于起义军长期坚持，迂回作战，从国外输送武器和人员也比较方便，"容易得到海外的接济"。他计划先夺取广东，次取广西、云南，进而占据南部七省，然后，策动长江流域和华北平原各省响应，问鼎中原，最终实现推翻清王朝，夺取全中国的革命目标。

## 二、两广、云南边境起义

在孙中山的亲自领导和筹划下，同盟会在1907年5月到1908年4月不足一年的时间里，接连在两广（广东、广西）和云南边境地区发动了潮州黄冈之役、惠州七女湖之役、钦州防城之役、广西镇南关之役、钦廉上思之役和云南河口之役六次大的起义。

### （一）潮州黄冈起义

黄冈镇隶属于广东潮州饶平县，地处粤闽两省的交通要道上，是会党活动的中心地区。当地的会党首领许雪秋曾于1905年春策划过起义，因计划泄露，没有成功。于是远走南洋，图谋再举。1906年6月，孙中山在新加坡时吸收许雪秋为同盟会会员，并委任他为中华国民军东军都督，主持岭南一带军务，回潮州发动起义。不久，他又能先后选派廖仲恺、乔义生、方汉成、李思唐、张煊、邓慕韩等前往协助。

许雪秋回到黄冈后，即广泛联络会党，做起义的准备工作，并决定在1907年2月19日（正月初七）乘清军新年疏于防务时，发动起义。同时，派人联络饶平、揭阳、惠来等地的会党袭击惠州城，以为响应。然而到了起义的那一天，不料气候恶劣，风雨大作，致使原来已联络好的部分会党无法按时行动，许雪秋见状，令各部暂停活动，待机再起，他本人则潜往香港，向香港同盟会分会汇报并请示下一步行动。香港同盟会分会负责人冯自由即发电向在越南河内的孙中山报告，孙中山电示："此后起事时期须与惠州及钦廉义师，约定同举，以便牵制清军，令雪秋万勿孟浪从事，致伤元气。"

起义虽然因天气原因未能按时发动，但起义计划已经泄露。5月下旬，黄冈会党成员多名先后被巡逻的防勇逮捕。当地会党首领陈涌波、余既成等不顾香港同盟会分会的劝阻，决定发动起义，以营救被捕同志。他们遂集合会党七百余人，进攻黄冈城内各衙署，经过一天血战，各衙署被起义军攻占。起义军随即在旧都司署成立了军政府，陈涌波被推为司令，余既成、张跃为副司令。军队按孙中山主持制定的《革命方略》编制，以"广东国民军大都督"名义发布安民告示，要求"各行店，照常交易，铲除一切苛捐"。许雪秋在香港得到起义消息，立即率党人李思唐等取道汕头，赶往黄冈督战，但因清军盘查严密，没能及时赶到目的地。这时清军迅速调集兵力围攻黄冈，起义军因事出仓促，没有充分准备，加上敌强我弱，缺乏统一指挥，很快就被清军打败，伤亡惨重，陈涌波等人只得将队伍解散，许雪秋、陈涌波等人率少量人员先后撤退到香港，起义失败。

### （二）惠州七女湖之役

孙中山制订的潮惠起义计划，是在两地同时发动起义，以便牵制清军，使其首尾不能兼顾，从而取得起义的胜利。因此，他在派许雪秋返回潮州准备起义的同时，又电令新加坡同盟会分会派与惠州一带会党有密切关系的黄耀廷、邓子瑜、余绍卿三人，经香港转赴惠州，策划惠州、阳江、阳春等地的起义。

黄耀廷曾参加过庚子惠州起义，曾任革命军先锋，以英勇善战闻名。孙中山本来对他寄予厚望，但不想他到香港后，听陈少白说英港当局对他监视严密，便以此为借口，领了1200元的军费后又跑回了新加坡。余绍卿本是阳江、阳春一带的大盗，后逃亡到新加坡时与孙中山认识，并参加了同盟会。孙中山这次派他回惠州主要是想利用他与阳江、阳春一带的会党关系，然而出乎人们的意料，此人贼性难改，他到香港领了1500的军费后，便潜回内地销声匿迹了。因此，孙中山派的三个人，实际上只有邓子瑜一个人回到了惠州，担负起策划惠州起义的事宜。

为响应潮州方面的起义，邓子瑜曾派人到惠州的归善、博罗、龙门活动，准备三路同时起事，但结果只有归善一路在七女湖举起义旗。七女湖距惠州城20里，是归善县的著名集市。6月2日，当地会党首领陈纯、林旺、孙稳等率会党群众一百多人起义，并很快攻占清军防营，缴获大量武器。接着，又乘胜进攻杨树、三达、柏塘、八子岭、公庄等地，各地会党群众纷纷加入，声威大振，起义军的人数也扩大到三百多人。

孙中山在越南河内接到惠州起义的消息，大为振奋，并立即致电张永福、平山周等人，希望他们或派人协助，或运送军械，响应和支持起义。而清政府方面，也在积极调兵遣将，镇压起义。清两广总督周馥急调进攻黄冈的李准军从汕头来援，形势开始对起义军不利。而这时又传来黄冈起义已经失败的消息，正准备从香港运送军械到惠州接济起义军的邓子瑜，便当机立断，派人到七女湖通知陈纯等人立即停止战斗，相机解散队伍。陈纯等接到通知后，即将起义军带到梁化附近的村子里，将枪械埋于地下，宣布队伍解散。

### （三）钦州防城之役

黄冈、七女湖起义的先后失利，并没有使孙中山放弃他早就制订好的起义计划，他这一次把起义的地点放在了革命力量较为雄厚的钦州地区。

当时钦州地区存在着三支可以利用的力量：一是会党势力，其首领王和顺原是提督刘永福部哨官，后参加反清会党，1906年在越南西贡参加同盟会；二是抗捐乡团，1907年春，广东的钦州、廉州（今均属广西壮族自治区）两地人民为反抗官府创行糖捐而发生暴动，清军开枪打死数十人，激起民愤，刘思裕、黄世钦等人便乘机组织抗捐乡团，与官府对抗；三是倾向革命的清军。抗捐乡团组成后，清两广总督周馥派统领郭人漳率防军二营、标统赵声率新军步队一营前往镇压，但郭人漳和赵声都素与革命党有联系，有可能前线反正。

为了发动起义，孙中山先后派同盟会员邝敬川赴钦州与抗捐乡团联络；

派黄兴、王和顺和同盟会员胡毅生分别入郭人漳、赵声部，争取他们的支持。孙中山认为，黄冈、七女湖起义失利的一个重要原因就是起义军的枪械不足。于是他在布置钦州起义的同时，又派同盟会日本会员萱野长知携巨款回日本购买枪械。6月17日，萱野离开香港赴日本。孙中山的计划是，"武器一到，则我党可成立正式军队二千余人，然后集合钦州各乡团勇六七千人，而后约合郭人漳、赵伯先（赵声）二人所带之新军约六千余人，便可组成一声势浩大之军队。再加以训练，当成精锐，则两广尽可收入掌握之中。而后出长江以合南京、武昌新军，则破竹之势可成，而革命可收完全之效果矣"。

黄兴、王和顺等人到达钦州后，即根据孙中山的指示，积极做起义的准备和组织工作。王和顺还被赵声委任为军事委员。王和顺与赵声约定，由王联络各地会党先发动起义，进攻南宁，赵声率部在后追击，暗中相助。但由于革命党人联络驻南宁的清军没有取得结果，只好放弃这一计划。这时驻守防城的清军中有两名哨官表示愿意归顺革命，反正起义。王和顺认为机不可失，便派人到河内向孙中山请示。孙中山认为防城是钦州西南重镇，地理位置重要，加上又地处沿海，有利于从海上接济。于是他同意王和顺的起义计划，并委任王为中华国民军南军都督，他还电告在日本采购枪械的萱野长知，火速将采购的枪械运到钦州白龙口，以接济起义军。但孙中山没有想到，这时东京同盟会总部以章太炎为首的一些人正掀起第一次倒孙（中山）风潮，说萱野长知购买的都是日本早已丢弃不用的武器，根本不能用，并以《民报》名义明码向香港同盟会支部发电，要求拒收这批武器，另处托人购买，他们还借潮州黄冈起义和惠州七女湖起义相继失利之机，提议罢免孙中山总理职务，另推黄兴接任。虽然由于黄兴和当时留守东京代行总理联务的刘揆一的坚决反对，章太炎等人要求罢免孙中山总理职务的图谋没有实现，但孙中山托人购买枪械、准备起义的消息已经外泄，萱野长知运送枪械的计划因此而告吹。

在枪械无法按时运到的情况下，王和顺遂于1907年9月1日在钦州王光山宣布起义，9月4日，在城内部分守军的接应下，起义军攻占防城，杀县官朱鼎元。王和顺遵照孙中山制定的《革命方略》，以中华国民军南军都督的名义，发布《告粤省同胞文》《告海外同胞文》《招降满洲将士布告》。攻占防城后的第二天，王和顺除留部分义军驻守防城外，亲率义军主力向钦州发动进攻，计划与郭人漳里应外合，一举拿下钦州。但郭人漳见义军人数不多，力量比较薄弱，料定起义不会成功，因而不敢贸然响应，按兵不动。没有郭部的反正，要攻下钦州已无可能，王和顺便率军改道攻灵山，苦战三日未克，不得已向廉州方向撤退，并希望驻扎在廉州附近的赵声部能起兵响应。但赵声见郭人漳按兵不动，知道起义军势单力薄，没有成功的可能，于是也不敢发兵。无奈之余，起义军被迫向三那一带退走，并于9月17日到达三那后就地解散，部分不愿解散的义军在梁少廷等人率领下退入十万大山，待机再起，王和顺则率二十余人回到河内。历时半月之久的防城起义就这样又失败了。

防城起义失败的原因很多，但同盟会内部的不团结尤其是东京同盟会总部的倒孙风潮导致购买的枪械无法按时运达，也是失败的原因之一。对此，孙中山感到十分惋惜："至时防城已破，武器不来，予不特失信于接收军火之同志，并失信于团绅矣。"

### （四）广西镇南关之役

潮州黄冈起义、惠州七女湖起义和钦州防城起义失败后，孙中山将发动起义的地点从广东移向了广西和云南地区。

1907年9月，亦即防城起义失败不久，孙中山即任命王和顺为镇南关（今友谊关）都督，负责组织起义，后因广西绿林、游勇派系分明，出身游勇的不听出身绿林的王和顺的调动，王和顺只好返回河内向孙中山汇报。

孙中山于是改派广西游勇首领黄明堂为镇南关都督、凭祥土司李佑卿为副都督。黄明堂、李佑卿果然不负孙中山的厚望，他们不仅很快就组织起了一支起义队伍，而且与镇南关炮台守军取得联络，同意反正起义。11月24日，黄明堂电告孙中山，决定12月1日发动镇南关起义。为策应镇南关起义，孙中山命王和顺返回十万大山，率领防城起义失败后退入十万大山的梁少廷旧部进攻水口关；同时又指示云南三合会首领张某择机发动起义，以牵制清军。孙中山本人也准备在镇南关起义后，亲赴前线参加战斗，坐镇指挥。因为在他看来，外有会党进攻，内有守军里应，加上又部署了其他方面响应，起义应该有成功的可能。

12月1日晚，黄明堂、李佑卿等人按计划率领那莫村乡勇、潘佩珠领导的越志光复会成员八十余人、菲律宾独立党三十余人，在夜色的掩护下偷袭镇南关炮台，加上内应守军的配合，清军猝不及防，或逃跑，或投降，起义迅速占领镇南、镇中、镇北三座炮台。当天晚上，孙中山一夜未眠，与在河内的革命党人一道焦急地等候着起义的消息。第二天消息传来，孙中山异常兴奋，并立即按事先的安排与黄兴、胡汉民、胡毅生等一行十余人从河内搭火车北上，赶往镇南关。在车厢里他对同行人说："我只有一个宿愿，就是入中国帝国最南角的镇南关，悬军万里，旌旗堂堂，贯通中国帝国的中腹，而出中国帝国最北角的山海关。一出山海关，则即可送却爱新觉罗帝的末路了。盖战破满洲或彼遁窜，非脱出此重关门不可。今此宿望的前半，行将告成。其后半的成就，尚不知在于何日。唉！尚不知将于何日！"（罗刚编：《中华民国国父实录》二，第1016页）

火车只能到达同登。同登下车后，孙中山顾不得稍事休息，便连夜翻山越岭向镇南关进发。晚9时，抵达第三炮台石门，受到起义军的热烈欢迎。第二天清晨，大队清军向起义军发动进攻。孙中山始终坚持在前线，坐镇指挥，他还和起义军一道燃放大炮，在铁炮旁为伤员包扎伤口，去山间峡谷为伤兵汲水，并利用战斗的空隙时间和起义军战士拉家常，鼓励他们英勇杀敌。黄兴后来回忆道："孙先生和我们一道持枪作战。因为他是医生，当出现了伤员，就在附近进行抢救，他两者兼顾，忙得不可开交。加之这个炮台缺水，伤员要用的水，也由孙先生到隔几百公尺的溪谷里去取。所以他是最忙的一个人。"（转引见吴相湘：《孙逸仙先生传》，第592页）战斗进行了十几个小时后，由于清军援兵源源不断地到来，而起义军饷械又特别缺乏，形势对起义军越来越不利。为了孙中山的安全，黄明堂以速筹饷械为理由，劝他立即下山。但孙中山表示："我不愿意下去！因为我十多年没有踏过中国的地方。我现在踏在这个山上觉得很高兴，简直舍不得下去。我认为我们在这里是有办法的。"（转引见吴相湘：《孙逸仙先生传》，第591页）后来，在黄明堂等人一再劝说下，孙中山坚持到傍晚才不得不和黄兴、胡汉民等人冒雨下山，12月6日晚，回到河内。黄明堂则率起义军坚守炮台数日，最终因弹尽粮绝，被迫于12月8日突围，放弃炮台，镇南关起义失败。

黄明堂等一些起义领导人突围后即赶到河内向孙中山汇报炮台失守的经过。孙中山听后安慰他们说："这次起义，我们以少数同志占领了三座炮台，与龙、陆数千人奋战七八天，已经显示了我们革命军人的大无畏精神。从表面上看，好像我们遭受了失败，其实胜利还是属于我们。这次起义已经震撼了清廷，中国专制政体不久一定全被我们革命党推翻。这不是胜利又是什么？我们的革命合乎世界潮流，顺应全国人民期望，所以一定会成功。我们要继续不断地革命，这就是我们今后的责任。"

### （五）钦廉上思之役

广西镇南关之役，使孙中山在越南河内的行踪被清政府侦知。清政府于是与越南法国殖民当局交涉，要求将孙中山驱逐出境。1908年3月，在越南法国当局的要求下，孙中山经西贡离开越南到达新加坡。在离开越南

孙中山最亲密的战友和助手黄兴

之前，他把指挥起义的权力移交给了黄兴和胡汉民，任命黄兴为中华国民军南军总司令，并对广西、云南起义作了周密安排，一方面布置黄兴再入钦州，集合该地革命力量，寻找机会再次起义；另一方面又令黄明堂、王和顺窥取河口，"以图进取云南，以为根据之地"。

　　黄兴奉命后，即着手起义准备。他在河内购得短枪数十支，并与钦州统领郭人漳取得联系，一旦起义打响，由郭接济起义军枪支弹药，相机响应。与此同时，胡汉民策反清军参将陆荣廷部下的工作也取得了一定的进展。于是，1908 年 3 月 27 日，黄兴以中华国民军南军总司令名义，率领防城起义的旧部以及越南华侨同盟会会员二百余人，绕道安南，进攻钦州，一路得到乡民的热烈欢迎和响应，先后在小峰、大桥和马笃山等地打败前来镇压的清军，尤其是马笃山一战，击溃清军三营，抓获俘虏三十多人，缴获枪支四百多条，起义军也增加到六百多人，声势大振。起义军在钦州、廉州、上思一带转战四十余日后，终因弹尽援绝，陷入困境。为保存革命力量，黄兴不得已将队伍分途解散，潜入十万大山，他自己则回到了河内，起义失败。

## （六）云南河口之役

河口地处中越边界，滇越铁路由此经过，是滇南重镇，战略地位十分重要。孙中山谋划云南起义，河口是必争之地。因此，早在广西镇南关起义前，孙中山就对河口起义进行过策划。1908年3月，孙中山在离开越南时，又命令黄明堂和王和顺前往河口，进行起义的策划和领导，胡汉民在越南河南予以策应。

4月29日夜，黄明堂、王和顺率百余人袭击河口，由于驻守清军的纷纷反正，河口很快便被起义军占领，黄明堂依《革命方略》，用中华国民军南军都督的名义发布安民告示，宣布军纪，得到老百姓的拥护，"远近归附者络绎不绝，数日内增加至千余人"。他还以中华国民军政府的名义，向各国发布宣言，一方面承认清政府与外国签订的所有条约，保护境内一切外国人的生命财产；另一方面又明确要求外国人不要援助清政府，与国民军为敌，否则将被认作敌人，所接济清政府的枪械物质，一律没收。起义军又先后占领南溪、新街，声势大振。

孙中山在新加坡得到河口起义的消息，即委任黄兴为云南国民军总司令，火速赶到河口指挥一切。同时，他又致电邓泽如等，要求尽快筹集10万元巨款，用作起义军的军费。5月7日，黄兴抵达河口督师。他见"军事疲玩不振，而屯兵不进，尤误战机"，于是计划沿越滇铁路进攻昆明。但黄明堂和王和顺担心补给困难，举旗不定。黄兴无奈，只好亲率一支人马向蒙自进攻，然而部众多不听命。黄兴没有办法，于5月11日返回河内，计划召集钦、廉起义军旧部一二百人作为基本队伍，再赴河口指挥起义。但到了老街后，法国警察误以为他是日本人，强行把他押解到西贡，又由西贡遣送到新加坡。河口起义军因此而失其统帅，很难再战。5月20日开始，清军兵分几路进攻起义军，由于起义军缺乏统一指挥，各自为战，加上此前一些反正的清军又临阵哗变，起义军很快战败。5月26日，起义军六百余人退入越南境内，被法国殖民军缴械后，强行解送到新加坡。孙中山闻讯，即与越南和新加坡当局交涉，聘请律师，保释并妥善安置起义人员。

至此，孙中山在两广、云南边境亲自策划和领导的6次起义都先后归于失败。

## 三、广州新军和黄花岗起义

两广、云南边境地区六次起义的连续失败，使部分革命党人产生了沮丧情绪，有的人甚至怀疑革命能否成功。但孙中山则败而不馁，"折而愈劲"，对革命的胜利充满信心。他鼓励革命党人应从一连串的失败中看到成功的因素，"吾党经一次失败即多一次进步，然则失败者，进步之原因也"，克服悲观失望，继续坚持战斗。他还对六次起义失败的原因进行过分析，认为这六次起义依靠的力量主要是会党，会党虽易于发动，但自由散漫，不听号令，战斗力不强，这是导致起义失败的一个重要原因。同时他认为，以往的历次起义，发动得过于频繁，造成"力分而薄，未能先事为备"，这也是导致起义失败的原因之一。导致起义失败的另一重要原因，是经费的严重不足，往往是"举事后方筹款接济，莫讲筹不得，即使筹得，亦多迟延失机也"。所以"鉴于前车，故为充分款项之筹集。事济与否，实全系之"。基于上述的认识，他调整了武装起义的战略：一是将同盟会的工作重心从联络会党转到策反新军上，新军成了以后起义依靠的主要力量；二是改原来分散的小规模起义为集中力量的"大举"起义；三是把"筹集大款"作为起义前最主要的准备工作。用他的话说："今后之计，惟有各埠合力另创善法，先集备大款，然后举事，乃可乘胜趋利；……大款一得，再举甚易也。"（《孙中山全集》第1卷，第494、373页）在孙中山看来，与时机的选择相比，"筹集大款"对起义的成功更为重要。1908年11月，内地同盟会组织想乘光绪、慈禧先后两天死去、清廷人心浮动之机，发动起义，派人到新加坡向孙中山请示。孙中山没有同意。他认为，时机虽然很好，但"大款"没有"筹集"，起义的财力不够，所以还是稍缓为好，"以俟同时大举"。

为了贯彻实现他的新战略，孙中山把起义的准备工作主要放在了筹款和策反新军上。由于清政府的迫害，孙中山在国内以及近邻中国的国家和地区不能立足，加上他又在海外华侨中有着崇高的威望和很大的影响力，所以筹款工作主要由他担任，而策反新军、领导武装起义的任务则交给了黄兴和胡汉民。

经过一段时间的艰苦工作，同盟会在广州新军中的策反工作取得重大的进展，至1909年10月同盟会南方支部在香港成立之时，广州新军加入同盟会的人数已达三千余人。于是同盟会着手策划广州新军起义。当时孙中山正在美国华侨中宣传革命和筹款，在得知消息后，即将筹募到手的8000元寄到香港，并指示同盟会南方支部起义按计划进行，他负责款项接济。1910年1月29日，遵照孙中山指示，黄兴、赵声等人从日本先后赶到香港筹划，决定在庚戌年正月初，乘清吏休假举事，先由新军发难，四乡会党配合攻城，占领广东全省后，出师北伐。一路由江西出长江，直取南京；一路由湖南出武汉，进逼中原。

然而，正当起义的准备工作有条不紊进行之时，意外的事件发生了。2月9日（亦即除夕）下午5时，新军第二标一士兵因刻私章与店老板发生冲突，警察出面干涉，于是发生互殴。警察逮捕士兵一人，一人逃回报信。本来新军与警察就素有积怨，得知警察逮捕士兵的消息后，百余名新军士兵便持枪冲击警察局，索回被捕士兵，并与警察展开枪战。广州的局势骤然紧张起来。两广总督袁树勋下令缴了闹事的新军第二标枪械、弹药。

这又引起新军其他各标士兵的不满，他们纷纷携枪离营，到处滋事，广州已处于无序状态。同盟会南方支部主要负责人之一的倪映典见状，急赶到香港向黄兴、赵声、胡汉民等人汇报。黄兴、赵声、胡汉民等人商议后，决定将起义日期提前到2月15日，并确定起义后由黄兴、倪映典率起义军挥师北伐，赵声镇守广东，胡汉民负责民政、财政，主持地方事务。三人于起义的当日赶到广州。

为布置起义，2月11日夜倪映典只身回到广州。但到了广州后他发现，拟参加起义的新军士兵情绪高涨，跃跃欲试，局面已无法控制，而清政府又在调集军队，准备对闹事的新军士兵采取断然措施。他知道机不可失，时不再来，必须当机立断，马上起义，否则后果不堪设想。12日晨，他到新军炮兵营宣布起义，第一标、工兵营和辎重营的士兵纷纷响应，起义队伍很快就达到了三千人，倪映典被推为司令，并分兵三路向广州城发动进攻。

起义军主力进攻到牛王庙一带时，遭到李准、吴宗禹率领的清军防营的阻击。吴宗禹总管带李景濂（本为同盟会会员）以磋商反正为名，将倪映典骗至清营中枪杀。倪映典的牺牲，顿使起义军群龙无首，加上弹药不足（起义时每人只有7粒子弹），起义军在与清军激战中伤亡惨重，至深夜，被迫向石牌、白云山一带撤退，清军四处搜捕，起义失败。正在美国积极为起义筹款的孙中山得知倪映典牺牲、起义失败的消息，十分悲痛，他认为失败的原因在于经费不足，他说："此次事之不成，不过差五千之款，致会党军不能如期到省。"他因而也更加相信经费的充足与否，是起义能否成功的关键因素。

广州新军之役失败后，孙中山不顾日本政府的禁令，1910年6月从美国潜回日本与黄兴、赵声等同盟会骨干会晤，商榷下一步的行动计划。不久，他的行踪被日本政府发现，不得已再次经香港去南洋。11月13日，他在南洋槟榔屿召集黄兴、赵声、胡汉民等同盟会的重要领导人和国内外的代表秘密开会，就下一步的行动计划再次进行商议。参加会议的不少人因广州新军起义的失败而心情沮丧，气士低落，对再次起义能否成功不抱大的希望。针对与会者存在的这种灰心情绪，孙中山热情地鼓励大家道：一次失败有什么值得气馁的？我以前曾多次失败，几乎被世人所抛弃，与今日相比，其困难要大过上百倍，但还不是挺过来了。目前国内的革命风潮已经兴起，华侨的革命思想也已形成，只要我们有计划、有勇气，就没有不成功的道理。孙中山的一席话强烈地感染和鼓舞了大家。会议决定集中同盟会的人力财力，在广州举行一次更大规模的起义。起义仍以新军为主力，另择革命党人 500 名作为选锋，亦即敢死队。计划在占领广州后，由黄兴率领一军出湖南以趋湖北，赵声北一军出江西以趋南京，长江流域各省乘此起义响应，然后会师北伐，一举推翻清王朝统治。会上还决定，为了使起义的准备工作能运转起来，先募集款项 10 万元，英属荷属各筹 5 万元，暹罗、越南筹 3 万元。会上就筹得了 8000 元，其余款项由参会者分别募集。十年后，孙中山就这次会议写道：

　　由横滨渡槟榔屿，约伯先（赵声）、克强（黄兴）、汉民（胡汉民）等来会，以商卷土重来之计划。……予乃慰以："一败何足馁？吾曩之失败，几为举世所弃，比之今日，其困难实百倍。今日吾辈虽穷，而革命之风潮已盛，华侨之思想已开，从今而后，只虑吾人之无计划、无勇气耳！如果众志不衰，则财用一层，予当力任设法。"时各人亲见槟城同志之穷，吾等亡命境地之困，日常之费用每有不给，顾安得余资以为活动。予再三言必可设法。伯先乃言："如果欲再举，必当立速遣人携资数千金回国，以接济某处之同志，免彼散去。然后图集合，而再设机关以谋进行。吾等亦当继续回香港与各方接洽。如是日内即需川资五千元；如事有可为，则又非数十万大款不可。"予乃招集当地华侨同地会议，勖以大义，一夕之间，则酿资八千有奇。（《孙中山全集》第6卷，第241—242页）

由于当时港英当局不许他入境，孙中山只好委托黄兴和赵声去香港设立机关，主持广州起义的筹备工作，自己则再次远涉重洋，赴加拿大和美国筹款。1911年1月底，黄兴在香港设立起义领导机关统筹部，黄兴自任部长，副部长由赵声担任。下设八课：（一）调度课，负责策反新旧清军，由姚雨平任课长；（二）交通课，负责联络江、浙、皖、鄂、湘、桂、闽、滇各路，赵声兼任课长；（三）储备课，负责购运军械，胡毅生任课长；（四）编制课，负责草定规则，陈炯明任课长；（五）秘书课，负责文件的起草，胡汉民任课长；（六）出纳课，负责财务，李海云任课长；（七）调查课，负责侦察敌情，罗炽扬任课长；（八）总务课，负责其他杂事杂务，洪承点任计课长。与此同时，筹款也取得了重大进展，自槟榔屿会议后，经过孙中山和同盟会的其他领导人，尤其是海外华侨的共同努力，共募得经费157213元，其中美洲77000元，英属南洋47633元，荷属南洋32550元，超额完成了槟榔屿会议上计划的10万元任务。募集的这些经费陆续汇到了香港的统筹部后，统筹部即通过关系托人到日本、越南和香港购买枪支，其中在日本购买了628支，在越南购买了160多支，在香港购买了30多支。这些枪支先从各地偷运到香港，起义前夕，再从香港偷运到广州。

为了落实槟榔屿会议制订的在广州起义、长江流域各省响应的计划，黄兴、赵声等人十分重视与各省的联系。1911年1月，他们函招同盟会在两湖（湖南、湖北）的重要领导人谭人凤到香港，商讨两湖和其他各省响应的有关事宜。谭人凤"以两湖当冲要，非先示机宜不可，黄、赵韪之，乃于次日带二千金还"。黄兴还嘱以"湖北方面，居正可负责任"，并托他给居正带信，希望居正加强与湖北新军的联络，做好响应广州起义的准备。谭人凤到达汉口后，即与居正、孙武、杨时节等开会，部署响应计划，他还分别给了居正活动经费600元、孙武活动经费200元。布置好武汉方面的工作后，谭人凤又赶到湖南，召集长沙的革命党人在路边井日本旅馆开会，他告诉大家，黄兴将于3月间在广州起义，湖南当力谋响应，并就一些细节做了安排，比如，派时任马队排长的文锦负责与军队的联络，而绅学界方面的工作则由文斐、曾杰两人负责。在其他省区方面，他们派郑赞臣在上海设立办事机关，负责与江苏、浙江和安徽的革命党人联系；派方群瑛等到桂林，与在广西新军中任军官的方声涛、耿遂、赵正平、刘建藩等商议，一旦广州起义，广西方面立即响应。

在广州方面，黄兴、赵声等人把工作重点放在了起义力量的准备上。他们认为，要取得起义的胜利，就要争取一切能争取的力量，所以除新军外，还要运动巡防营和警察。然而警察无战斗力，巡防营不常驻省，起义的主要力量还是新军。

因此，他们在运动巡防营和警察，尤其是新军方面做了大量的工作。他们运动新军的工作分三期进行：第一期，对旧有同盟会会员的情况进行摸底，分别授予他们任务；第二期，把军官中那些具有新思想并素质良好的人吸纳进同盟会；第三期，把士兵中那些具有新思想并素质良好的人，也吸纳进同盟会，并且选出其中热心勇敢的为主动员，每队至少20人。运动巡防营、警察和新军的工作主要由姚雨平任课长的调度课负责。黄兴、赵声等人还认为，以前的历次起义之所以会失败，其中一个重要原因就是临时联络的会党、新军往往不听指挥，另外广州的新军大多是有枪无弹，或弹药不多，所以要想取得起义的胜利，就必须要有一支由革命党人自己组织起来的"选锋队"。"选锋队"的任务是首先发难，打响起义的第一枪，破坏清朝在广州的指挥机构，夺取军械库，打开城门，迎驻扎在城外的新军入城，一举占领广州。其人数开始定为 500 人，后来又增加到 800 人，但实际上后来参加起义的只有 100 多人。其中包括黄兴所部闽籍、川籍留日学生，如林时塽、方声洞、林觉民、喻培伦、熊克武等，赵声所部皖籍党人，如宋玉琳等。这些人在起义发动之前大多数已抵达香港。

1911 年 4 月 8 日（农历三月初十），起义的各项准备工作大致就绪。黄兴主持召开了统筹部会议，决定十路进攻计划，并任命赵声为总司令，黄兴副之。之所以任命赵声为总司令，黄兴副之，是因为赵当过新军的标统，通晓军事，有指挥经验，是同盟会领导层中的第一号军事人才。从这里也可看出黄兴为人宽厚、顾全大局的性格。

起义日期原定于 4 月 13 日。但后来发生了两个情况：一是美洲和荷属的大宗募款还没汇到，同时在日本和越南购买的武器也没有到齐；二是同盟会会员温生才自作主张刺杀清广州将军孚奇，使清军加强了警戒。情况的变化，打乱了起义部署。起义日期被迫改到 4 月 26 日。吸取了广州新军起义时因倪映典牺牲前方无人指挥的教训，黄兴于 4 月 23 日晚到达广州，并在城内越华街小东营 5 号设立起义总指挥部。在离开香港前，黄兴致书梅培臣等，说自己本日将驰赴阵地，"誓身先士卒，努力杀贼。书此以当绝笔"。

黄兴到广州后，又将起义日期改定为 4 月 27 日。但到了 24 日、25 日，连续传来不利的消息：先是清方下令将新军的枪机全部收走。枪没了枪机，就等于是一根废铁；外地清兵正源源不断地调到广州，加强了对官府衙门和军事要地的警戒。这说明起义的风声已经走漏，敌人已有准备。这突发的变化，使正在待发的起义一下子陷入了进退两难的境地，是按期起义，还是缓期再举？如果按期起义，在敌人已有准备、张网已待的情况下，无疑是自投罗网，是不可能取得胜利的。如果缓期再举，那么为筹备这次起义所付出的一切努力都将付之东流。在广州的一些同盟会干部和革命党人这时分成了两派，陈炯明、胡毅生、朱执信以及赵声的代表宋玉琳等人主张推迟起义日期，以保存实力；而姚雨平、林时塽、喻培伦等人主张立即起义，与敌人拼个鱼死网破。作为总负责人的黄兴一时难下决心。但局势却在进一步恶化，敌人开始在城中搜捕革命党人，有几处起义机关遭到了清军的袭击和破坏。是起义还是缓期？不能再犹豫不决了。在这千钧一发的紧急时刻，黄兴于4月26日晨做出了缓期再举的决定，他一面令在广州的"各部即速解散，以免搜捕之祸"，一面又致香港总部，"省城疫发，儿女勿回家"，暗示总部广州已发生变故，立即停止把在香港待命的大批党人继续派到广州来。当天，城中各起义机关相继停止活动，已到达广州的选锋队员开始分批撤往香港。

黄兴虽然作出了缓期再举的决定，但他内心是异常矛盾和痛苦的。因为他知道，筹划这次起义十分不易，如果就这样一枪不发的结束，无法向正翘首以待起义成功的广大革命党人，尤其是为这次起义作出了巨大牺牲的海外华侨交代，它也必将严重影响同盟会在海外华侨中的声誉，"人将疑其诳骗，是绝后来筹款之路也"，以后再要海外华侨捐款支持革命将变得十分困难。因此，他决心拼个人的一死，来说明一切。他在作出缓期举行的决定并布置好撤退的有关事宜后对大家说：你们都可以走出五羊城，只有我黄兴一人必死于此，以为革命负责，也对海外华侨有个交代。听黄兴这么一说，大家都纷纷表示愿意留下来和他一起拼命，尤其是"选锋队"的成员，他们不少人本来就是抱着必死的决心，才远历重洋，来到广州的，因此主张"非干不可"，就是只有一人"亦干"。他们认定这次起义只是一次大暗杀，已不是原来的军事布置，人数多少不必计算，"临时能拾回多少便算一回事耳"。黄兴担心夜长梦多，又发生意想不到的变故，决定27日晚五时半准时起义。由于人数的不足（原来已到广州的部分革命党人已撤回香港，他们和此前留在香港待命的大队人马一时无法赶到广州），遂改原十路进攻计划为四路：黄兴率一队攻两广总督衙门；陈炯明率一队攻巡警教练所；姚雨平率一队攻小北门飞来庙，迎起义新军和防营入城；胡毅生率一队守小南门。

1911年4月27日傍晚五时许，起义的枪声打响。在枪声打响的前一刻，谭人凤从香港赶到了广州。他见黄兴装束已毕、正在给参加起义的党人分发子弹，便立即告诉黄兴，在香港的党人无法赶到，要求起义延期发动。黄兴顿足对他说：老先生不要扰乱我的军心，我不攻击清军，清军就要攻击我。谭人凤知道再多说也无用，于是也整理装束，向黄兴索要枪支，参加起义。黄兴心平气和地对他说，你老已上年纪，后事也需要有人安排。我们是敢死队，你就不要去了。谭人凤听了挺生气，他对黄兴说：你们不怕死，难道就我怕死？黄兴见谭人凤已下决心，便给了他两把枪。谭人凤从来没摸过枪，他接过枪后不小心触动了枪机，"碰"地打了一枪。黄兴见状，一把将枪从谭人凤的手中夺了过来，说了几声"先生不行，先生不行"，便派人强行把谭人凤送到了陈炯明家中。谭人凤后来回忆此事说："余时惭愧已极，盖恐事由我败也。"（谭人凤：《石叟牌叙录》）

起义的枪声打响后，黄兴率领林时塽、方声洞、林觉民、朱执信等"选锋"一百二十人，臂缠白布，脚穿黑色胶鞋，手持枪械炸弹，在呜呜螺号和喊杀声中，猛攻两广总督衙门。攻入衙门后发现两广总督张鸣岐已经跳墙逃跑。起义军在放火烧掉总督衙门后，即兵分三路，分途接应新军、防营和民军。但万万没有想到：新军中的革命党人并没有接到起义的通知，毫无响应的准备，而原先联络的防军营和民军，也没有及时赶到。结果，就成了黄兴率领的这一百二十名"选锋"在城内的孤军奋战。战斗进行了整整一晚，异常激烈，黄兴在战斗中右手的两个手指被打掉，但仍领着队伍英勇杀敌，且战且走，后在激战中与队伍走散，回顾已不见一人，才避入一家小店脱险；朱执信一改平时文弱书生的形象，奋勇杀敌，激战中也与队伍走失，幸遇其门生家人，易服出走。尽管参加起义的革命党人都非常英勇，但终因寡不敌众，起义失败，林时塽、方声洞等 57 人战死，喻培伦、林觉民等 29 人被捕后慷慨就义。事后，收敛在战斗中牺牲和就义的七十二具尸体，由革命党人潘达微合葬与白云山麓，因其地原名红花岗，潘为其改名为黄花岗，所以后来人们把这次起义称之为黄花岗之役，又因为那天是农历三月二十九，所以也称"三·二九"之役。民国建立后，孙中山为七十二烈士墓亲题"浩气长存"四字镌于石上。

4 月 28 日晚 6 时，孙中山在美国芝加哥得到起义失败的消息，心情十分沉重。他当即致电胡汉民询问起义同志的生死情况，当他得知黄兴、赵声、朱执信等同盟会的主要领导人无恙，心情才稍微好了一些，认为"天下事尚可为也"。因为在他看来，只要有人在，革命就有希望。他写信给

黄花岗七十二烈士墓

黄兴等同盟会领导人，鼓励他们认清形势，尽快行动，准备再发动一次大规模的起义。他认为广州起义失败的原因是经费不足，不能够组成较大的军力，更不能南北相应。因此，要再起义，就必须筹集到更多的资金。为了筹集资金，6月间他到了旧金山，并在爱国华侨的支持下，成立洪门筹饷局（又称中华革命军筹饷局，对外亦称国民救济局），拟定并颁布筹饷章程，专门负责筹饷事宜。他相信，只要有了足够的经费，就能发动起义，而"吾党无论由何省下手，一得立足之地，则各省望风归向矣"。

　　黄花岗起义的失败，使同盟会丧失了一大批骨干和优秀分子，但这次起义鼓舞了全国人民的斗志，推进了本已日益成熟的全国性革命高潮的到来。后来孙中山在谈到这次起义的意义时指出："是役也，集各省革命党之精英，与彼虏为最后之一搏。事虽不成，而黄花岗七十二烈士轰轰烈烈之概已震动全球，而国内革命之时势实以之造成矣。"当时陕西有民谣说：不用掐，不用算，宣统不过二年半。清政府离灭亡已为期不远了！

## 第七章

# 创建中华民国

"不在疆场之上，而在樽俎之间"

出任中华民国临时大总统

被迫让位给袁世凯

# 一、"不在疆场之上，而在樽俎之间"

广州黄花岗之役失败不久，四川爆发了保路风潮。先是腐败的清政府为取得列强的欢心和支持，大量出卖矿山、铁路主权。1900年以后，全国各地的爱国群众，展开了收回矿路权的运动。1903年四川人民为了抵制清政府把川汉铁路的建筑权卖给英国，自动募集股款修筑川汉铁路。1911年5月，清政府宣布实行铁路国有政策，并向英、法、德、美四国银行团签订借款合同，却不归还四川人民筹集的铁路股金。6月，川汉铁路股东代表在成都开会，成立保路同志会，掀起保路运动。9月，清政府命令军队向手无寸铁的数万名在总督衙门前请愿的人群开枪，当场打死32人，酿成了重大惨案，四川人民奋起反抗。

黄花岗之役和保路风潮，促进了全国革命形势的高涨，革命党人普遍认为与清王朝决战的时机已经来临。根据以往同盟会在西南边境地区和华南沿海地区发动的一系列起义均遭失败的教训，部分同盟会领导人主张改变起义地点，在革命力量比较雄厚的武汉地区首先发动，其他各省同时响应，一举而颠覆清廷。武汉地区的革命党人更跃跃欲试，准备肩负起全国首义的责任。1911年9月14日和24日武汉两革命团体文学社和共进会连续召开联席会议，决定两大团体联合共同领导起义，并将起义日期定在10月6日的中秋节（后延期到十日）。

1911年10月10日，武昌起义爆发，革命浪潮迅即席卷全国，清王朝顷刻间便处于土崩瓦解之中。从10月22日湖南首先响应起义，到11月底四川宣布独立止，短短的不到两个月时间，就先后有14个省宣布脱离清政府统治。武昌起义爆发时，孙中山正在美国科罗拉多州募款，准备继广州黄花岗起义失败再发动一次新的起义。12日，他从丹佛的地方报纸上看到了一条"武昌为革命党占领"的电讯，喜出望外，立即中止了在美国各埠继续演说筹款的计划。他本打算立即回国，"亲与革命之战，以快平生"，但考虑到成立共和国将要碰到不少困难，尤其是列强可能勾结起来反对革命，因此，他认为"此时吾当尽力于革命事业者，不在疆场之上，而在樽俎之间，所得效力为理大也"。故决定先留在国外进行外交活动，争取在外交和财政上的支持，"俟此问题解决而回国"。在孙中山看来，当时列强与中国最有关系的国家有六个：美国和法国对中国革命当表同情；德国和俄国对中国革命当表反对；日本则民间表同情，政府当反对；英国则民间会同情，政府立场未定。所以中国的外交关键在英国，英国政府的态度举足轻重，关系到中国革命的胜败存亡，如果英国能站在中国革命一边，那么日本就不能为患了。因此，他决定先到华盛顿，争取美国政府的支持，然后经纽约转赴英国进行外交活动。

10月中旬，孙中山在美国中部城市芝加哥参加了当地同盟会组织的预祝中华民国成立的大会后，即乘车前往华盛顿，并在18日写信给美国国务卿诺克斯，要求与诺克斯秘密会晤，希望得到美国政府对中国革命的支持。但该信寄出后，似泥牛入海，没有了消息。20日，孙中山离开华盛顿到达纽约。在逗留纽约期间，他会见了秘密来访的日本驻纽约总领事馆领事水野幸吉的代表鹤冈永太郎，表示近期他将经由伦敦转赴欧洲访问，如果日本政府同意他不改姓名登陆的话，他愿意在访问欧洲后再度取道美国，经西雅图前往日本。但日本政府并没有答应他的要求。11月2日，孙中山离开纽约前往英国。在离开纽约之前，他以孙文的名义给各国驻北京使馆发了份"对外宣言"，阐明即将成立的革命政府的对外政策。

一、革命政府将承认条约中确定下来的外债数额，应付的利息以及预定的用途。二、革命政府不承认清政府违反上述条约规定的、非国家急需的外债。三、革命政府考虑到外国贷方的利益，要求各国代表预先通知曾给清政府贷款的资本家，及时取得革命政府对他们贷款事项的许可证。四、革命政府要求各国代表谕告该国领事、传教士及其他国民：革命政府将采取一切措施保护他们的生命和财产安全，违命者将受到军事法庭的制裁。五、革命政府向各国代表重申：它将万分感谢予以帮助的一切国家，俟新政权建立，将力求与其建立友好邦交。六、待联邦共和政体建立，中央政府将与各国签订新的贸易条约和建立友好邦交，消除一切误解与冲突事端。……对真正援助民国的国家将给予种种优惠和荣誉。（陈锡祺主编：《孙中山年谱长编》上册，第569—570页）

孙中山幻想以承认列强在华的各项既得利益，来换取它们对中国革命的理解和支持，这充分表现了以孙中山为代表的革命党人对于列强的软弱性。

10月11日，孙中山抵达伦敦。先通过美国人咸马里介绍，与四国（英、美、法、德）银行团主任洽商借款遭拒绝，后又托人向英国外相格雷送了一份他与咸马里共同签署的文件，希望英国政府能对中国革命表示友谊和支持，借款100万英镑，并允诺革命成功后"给予英美在中国的若干优先权利"。但格雷不仅并没有接受孙中山的要求，相反还要他托的人转告他：英国将在革命党和清政府之间保持中立，并且说：英国特别尊重立于革命党反对方面的袁世凯，只要袁能够驱逐清廷并赞成共和，所有外国人以及反满的团体都可能给予袁以总统的职位。（吴相湘：《孙逸仙先生传》下册，第984页）如前所述，孙中山曾认为英国政府的态度是中国革命胜败存亡的关键，他因此而把活动的重点放在争取英国的支持上，然而活动的结果却使他大失所望。

11月20日，孙中山带着失望的心情离开伦敦，穿过英吉利海峡，于21日到达法国首都巴黎。他在巴黎停留了三天，不仅先后会见了时任参议员的克列孟梭、众议员阿尔佛雷德·马赛、吕西安·于贝尔及博雷尔，向他们介绍了中国的革命以及自己的主张，并向他们提出法国是否愿意承认中国革命政府的问题，而且还接受了巴黎《巴黎星期报》和《巴黎日报》等报记者的采访，以中国革命指导者的身份，就即将成立的革命政府及其对外关系进行了说明。

当然，和他在英国一样，孙中山在法国活动的重点，除争取法国政府对中国革命的支持外，还是在借款上。他在出席法国东方汇理银行总裁西蒙的宴请时，首先就开门见山地问西蒙："您能立刻或者在最短时间内借钱给临时政府吗？"孙中山问得直接，西蒙答得也非常干脆："不能，至少不能立即借。"因为四国银行团已达成一致协议，要与四国政府采取同样的政策：在革命党和清政府中间严格地遵守中立。接着孙中山又问了西蒙第二个问题："您是否同意商谈一笔借款，使中国能够偿还庚子赔款？"西蒙回答说："我不太明白你们从这种做法中能得到什么实际的好处。尽管如此，就我们来说，在这点上我们丝毫也不反对使您得到满足。当然，条件是借款有担保要充分令人满意。"西蒙也许没有弄清孙中山的意图，实际上孙中山是想采取迂回策略，在正常借款无望的情况下，以"偿还庚子赔款"的名义从西方国家那里借到钱。所以，他针对西蒙的回答又提出了第三个问题："你是否反对，以及你是否认为贵国政府会反对，用其他等价的担保去代替关税作为现有借款的担保品？"孙中山提出这一问题的用意是："为了适应已经表现出来的民族感情，我们希望收回海关的征税及控制权，用其他担保品，例如矿税、一部分土地税等等，去取代海关所设的担保。"西蒙当然明白孙中山的用意，因而他明白地告诉孙中山："正是在这一点上，那是绝对不可能的。"至此，孙中山借款的努力，再次以失败而告终。

孙中山在巴黎期间，一再接到国内革命党人敦促他速回的电报，又得悉中华民国临时政府成立难产，于是他缩短旅程，11月24日由马赛乘船，经槟榔屿、新加坡等地回国。12 月 21 日到达香港。广东都督胡汉民、廖仲恺等乘兵舰到香港迎接。胡汉民认为，如果孙中山现就去上海、南京，以他的声望和资历，必然会被推举为新政府的元首，但他无兵无卒，形同虚设，根本无法贯彻自己的政治主张，实现统一南北的目的，还不如留在广东活动，以广东为根据地，整训军队，然后举兵北伐，统一全国。但孙中山没有同意。他认为当时的关键问题是要尽快建立起全国统一的革命政府，因此，他必须马上赶到上海、南京，主持内外大计。在孙中山的坚持下，胡汉民放弃了自己的主张，他委托陈炯明代理广东都督，并派廖仲恺回广州布置一切，他本人则随孙中山启程北上。

## 二、出任中华民国临时大总统

12 月 25 日，孙中山在经历了十六年海外流亡生活后终于回到上海。由于外界盛传孙中山是带着巨款和兵舰回国的，比如 1911 年 10 月 23 日，上海的《申报》就刊载广州的专电说："闻孙汶（文——编者，下同）向

当选为临时大总统的孙中山

欧洲某国购定战舰十八艘，暂不付款，已将契约订妥。"11月2日，该报又刊载广州的专电说："闻孙汶有书寄黎元洪，嘱其千万不可议和。孙汶不日启行至沪，带回大兵舰三艘，其驾驶皆为英国留学生。"因此，孙中山刚一上岸，等候多时的记者就纷纷问他带了多少钱回国？孙中山回答说：我一分钱也没有带回来，我带回来的只是革命精神。

当时正值南京临时政府成立前夕。在此之前，独立的各省代表围绕临时政府的地点和临时大总统的人选，曾从上海争到武汉，又从武汉争到南京，各执己见，互不相让，致使临时政府迟迟建立不起来，这严重地影响着革命形势的发展。而同盟会这时已趋解体，不能对革命实行有力的领导。更有甚者，在一些参与推翻清王朝的立宪党人和旧官僚的拉拢和分化下，原本已在同盟会内部存在的派系矛盾这时更加尖锐起来，尤其是章太炎的"革命军兴，革命党消"之口号的提出，对同盟会的破坏力极大。胡汉民在其《自传》中对此有所记载。与此同时，一些反革命势力亦到处散布流言蜚语，攻击同盟会"将以天下为己私有"，诬蔑革命党人是"无赖"和"暴徒"，致使革命党人当时处于非常不利的境地。

孙中山的到来使革命党人的士气大振。孙中山抵达上海的第二天，就在由黄兴和上海都督陈其美主持的同盟会宴请席上，与黄兴、宋教仁、陈其美等商讨组织临时政府问题，力图建立以革命党人为主导的新政府。商讨的结果是：推举孙中山为大总统，分头向各省代表转达，并由马君武言于《民立报》，唤起舆论。当晚，孙中山又在自己的寓所主持召开了同盟会最高干部会议，商讨组织临时政府的具体方案。出席会议的有黄兴、宋教仁、陈其美、胡汉民、张静江、汪精卫、马君武、居正等人。讨论时，宋教仁力主责任内阁制，认为总统制有领袖易于独裁等许多弊端。而孙中山则力主总统制，并说明了临时政府为什么要实行总统制的理由："内阁制乃平时不使元首当政治之冲，故以总理对国会负责，断非此非常时代所宜。吾人不能对于唯一置信推举之人，而复设防制之之法度。余亦不肯徇诸人之意见，自居于神圣赘疣，以误革命之大计。"（《胡汉民自传》）宋、孙二人都各持己见，谁也说服不了谁。最后是张静江首先表态，支持孙中山的主张。在张静江表态后，其他参加会议的人也都表示赞同孙中山的意见。于是会上决定临时政府实行总统制。但到了第二天继续开会时，宋教仁又提出了内阁制的问题，强调"责任内阁之适于民国"。后来经黄兴从中调解，说临时政府究竟是实行总统制还是实行内阁制，待到南京后与各省代表商量后再作决定，宋教仁才没有坚持自己的意见。会后，宋教仁和黄兴先后回了南京。

27 日，孙中山在上海接见了由南京各省代表会议派出的欢迎代表，并就组织临时政府的有关问题回答了欢迎代表提出的问题。第一，就临时

孙中山、黄兴等召开会议时的合影。坐者左二为孙中山，左三为黄兴。

政府是设大元帅还是大总统问题，孙中山表示应设大总统，因为大元帅在国外并非是国家元首；第二，就袁世凯如果反正就选举他为临时大总统的问题，孙中山表示，如果袁世凯真能拥护共和，我可以把总统的职位让给他，但"临时"二字可以不要，总统就是总统；第三，孙中山还建议民国纪年应改用阳历，他并明确表示，如果他被选为大总统，他打算在阳历 1 月 1 日那天就职。（陈锡祺主编：《孙中山年谱长编》上册，第 600—601 页）当天（一说是 31 日），黄兴在江苏咨议局主持召开各省代表会议，根据此前召开的同盟会最高干部会议决议和孙中山的上述讲话，会议提出三项议案进行讨论：一、改用阳历；二、起义时用的是黄帝纪元，今后改为中华民国纪元；三、临时政府的组织形式采用总统制。对于前两项议案，很顺利地就通过了，但在讨论第三项议案时，宋教仁提出临时政府应采用责任内阁制，经过讨论，大多数代表还是赞成总统制，第三项议案也照案通过。

由于孙中山对革命贡献巨大，在革命党人和全国人民中的威望崇高，是众望所归的总统人选。因此，除革命党人外，许多社会团体也纷纷致电负责商议建立临时政府的各省代表联合会，认为临时大总统一职非孙中山莫属，请联合会一致推举"孙中山先生为总统，以救国民。兆众一志，全体欢迎"。在美洲的全体同盟会会员也致电《民立报》转各省代表说："孙先生才、德、望，中外相孚，请举为总统，内慰舆望，外镇强敌。"12 月 29 日，各省代表联合会在南京开会，推选临时大总统。到会者共 17 省 45 人，华侨 2 人列席，但根据议事规定，不论人数多少，每省只算一票，共 17 票。前一天晚上，各省代表联合会举行过预投票，推选出临时大总统候选人三人，即孙中山、黄兴和黎元洪。投票的结果是孙中山以高票当选，在 17 张票中，他得到了 16 票，黄兴得到 1 票（湖南省推举），黎元洪 0 票。尽管在 45 名的代表中，参与了推翻清王朝的立宪派和旧官僚的代表占多数，但面对同盟会领导了推翻清王朝的武装起义和孙中山是众望所归的革命领袖这一事实，他们也不得不投孙中山的票。在选举结果揭晓时，"众呼中华共和万岁三声，是时音乐大作，在场军学各界互相祝贺，喜悦之情，达于极点"。（《民立报》1911年12月30日）会议还决定，特派汤尔和、王宠惠和陈陶怡三人为代表，赴上海迎接孙中山到南京就任临时大总统。

在上海的孙中山得知当选的消息，立即复电南京各省代表，表示接受，他在电文中说："光复中华，皆我军民之力，文子身归国，毫无以功，竟承选举，何以克当？惟念北方未靖，民国初基，宏济艰难，凡我国民，具有责任。诸公不计能，加文重大之服务，文敢不黾勉从国民之后，当克日赴宁就职，先此敬复。"他同时还致电各省都督说："……今日代表选举，乃认文为公仆，自顾材力，诚无以当。"国家元首自称为"公仆"，这在中国政治史上可能是破天荒，是对传统的政治伦理和思想观念的否定。

1912年1月1日上午10时，孙中山乘坐迎接代表的专列离开上海赴南京，上海各团体、各界和军队代表数千人到车站送行，专列途经苏州、无锡、常州、镇江等车站时，均有数千甚至上万的群众自发地列队迎接、欢送，锣鼓喧天，礼炮齐鸣，"共和国万岁""总统万岁"的口号声响彻云霄。下午5时许，专列缓缓驶入南京的下关车站，受到同盟会主要干部、各省代表、文武官员和四五万军民的热烈欢迎，南京各炮台及江中起义的军舰均鸣炮二十一响，盛况空前。下车后，孙中山随即乘坐装饰一新的马车前往临时大总统府（即原两江总督府，亦即太平天国时的天王府）休息。晚上10时，举行了庄严而朴素的临时大总统就职仪式，在各省代表联合会代表致颂词后，孙中山宣读了《临时大总统誓词》：

"倾覆满洲专制政府，巩固中华民国，图谋民生幸福，此国民之公意，文实遵之，以忠于国，为众服务。至专制政府既倒，国内无变乱，民国卓立于世界，为列邦公义，斯时文当解临时大总统之职。谨以此誓于国民。"

（《孙中山全集》第2卷，第1页）读完誓词，孙中山接过"中华民国临时大总统印"，并在《临时大总统宣言书》上第一次用印。用完印，由胡汉民向大会代读《临时大总统宣言书》。《宣言书》明确指出："临时政府，革命时代之政府也。"其主要任务，是"尽扫专制之流毒，确定共和，以达革命之宗旨，完国民之志愿"。临时政府的对内方针是，实现"民族之统一""领土之统一""军政之统一""内政之统一""财政之统一"；对外方针是，"当尽文明国应尽之义务，以期享文明国应享之权利。满清时代辱国之举措与排外之心理，务一洗而去之；与我友邦益曾睦谊，持和平之主义，将使中国见重于国际社会，且将使世界渐趋于大同"。《宣言书》最后说："十余年来，从事于革命者，皆以诚挚纯洁之精神，战胜所遇之艰难。即使后此之艰难远逾于前日，而吾人惟保此革命之精神，一往而莫之能阻。必使中华民国之基础确定于大地，然后临时政府之职务始尽，而吾人始可告无罪于国民也。"（《孙中山全集》第2卷，第3页）

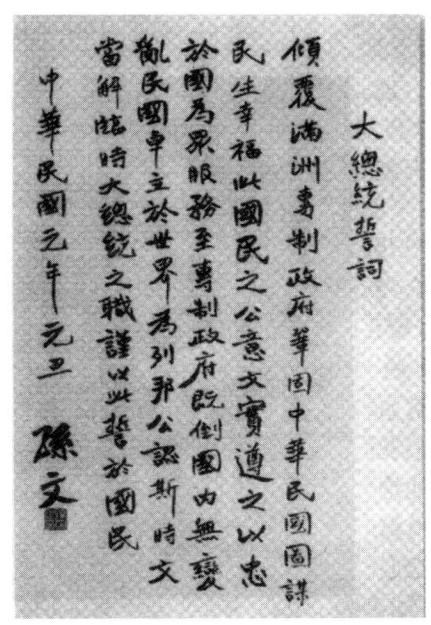

孙中山手书《大总统誓词》

中华民国临时大总统印文

《宣言书》发布后，孙中山下令，定国号为"中华民国"，改黄帝纪年为中华民国纪年，依阳历纪日月，当日为中华民国元年元旦。第二天，孙中山又发布《改历改元通电》，要求全国人民一体遵守。

孙中山宣誓就任中华民国临时大总统后，即开始了临时政府组建工作。依据各省代表会议原来（孙中山未回国之前）通过的《中华民国临时政府组织大纲》的规定，临时政府只设总统，不设副总统；行政部门只设外交、内务、财政、军务、交通五部，这既无法适应形势发展的需要，也不好对同盟会主要干部、参与革命的立宪派和旧官僚进行安排。因此，1月2日，即孙中山就任临时大总统的第二天，便主持召开各省代表会议，讨论通过了由宋教仁提出的《中华民国临时政府组织大纲》修正案。这一修正案规定，在大总统以外加设副总统，行政部门设陆军、海军、外交、司法、财政、内务、教育、实业和交通九部，各部首长不称"部长"，而称总长，每部设总长一名、次长一名。

根据西方政治制度的三权分立原则，要成立政府，就必须设立参议院作为立法机关，政府成员只有经过参议院的同意，才合法生效。因此，孙中山通电各省根据《中华民国临时政府组织大纲》第八条"参政院以各省都督府所派之参议员"和第九条"参议员每省以三人为限，其派遣方法，由各省都督自定之"的规定，抓紧成立参议院。但在参议院没有正式成立之前，又根据《中华民国临时政府组织大纲》第十七条"参议院未成立以前，暂由各省都督代表代行职权"的规定，于1月3日，召开了由各省代表会，选举副总统，并对孙中山根据《中华民国临时政府组织大纲》授权提出的各部长、次长人选进行审议。副总统选举的结果，是黎元洪以全票当选。会议审议过的各部部长、次长的名单是：

陆军总长：黄　兴　　次长：蒋作宾

海军总长：黄钟瑛　　次长：汤芗铭

外交总长：王宠惠　　次长：魏宸组

司法总长：伍廷芳　　次长：吕志伊

财政总长：陈锦涛　　次长：王鸿猷

内务总长：程德全　　次长：居　正

教育总长：蔡元培　　次长：景耀月

实业总长：张　謇　　次长：马君武

交通总长：汤寿潜　　次长：于右任

会议还通过了胡汉民任总统府秘书长、黄兴兼参谋总长、宋教仁任法制局局长、黄复生任印铸局局长的提案。

就各省代表会通过的各部总长、次长的名单来看，实际上是各派政治力量妥协的结果。本来，早在上海同盟会内部讨论各部总长人选时，宋教仁就提出，"初组政府，须全用革命党，不用旧官僚"。孙中山和黄兴虽然认为宋教仁的"理由甚充足"，但考虑到立宪党人和旧官僚的作用和影响，他们并没有完全采纳宋教仁的意见。孙中山最初提出的各部总长名单是：

陆军总长：黄　兴　　海军总长：黄钟瑛

外交总长：王宠惠　　司法总长：伍廷芳

财政总长：陈锦涛　　内务总长：宋教仁

教育总长：章太炎　　实业总长：张　謇

交通总长：程德全

　　这个名单中，既安排了一些立宪派人士（如张謇）和旧官僚（如程德全），但同时陆军、外交、内政等重要各部又掌握在革命党人手中。应该说孙中山既考虑了立宪派人士和旧官僚的利益，又兼顾了以宋教仁为代表的一些革命党人的要求。然而名单提出后，却遭到了部分代表的反对，他们尤其反对宋教仁长内政、王宠惠长外交、章太炎长教育，也有人主张改伍廷芳为外交总长。黄兴见状，则向孙中山提议，"不如部长取名，次长取实，改为程德全长内政，蔡元培长教育，秩庸（伍廷芳）与亮畴（王宠惠）对调"。孙中山采纳了黄兴提出的"程德全长内政，蔡元培长教育"的意见，但对伍廷芳和王宠惠互调的意见他没有同意。他对黄兴说："外交问题，我欲直接，秩老（伍廷芳）长者，诸多不便，故用亮畴（王宠惠），可以随时指示，我意甚决。"黄兴根据孙中山的意见再商议于各省代表会，得到与会代表的一致赞同。这便是代表会通过的各部总长、次长名单的由来。

　　尽管各省代表会审议通过的各部总长、次长的名单中，革命党人任总长的只有陆军（黄兴）、外交（王宠惠）和教育（蔡元培）三部，其余各部总长皆由立宪派人士或旧官僚出任，但根据黄兴提出的"总长取名，次长取实"的提议，各部次长除海军次长汤芗铭外都是同盟会的重要骨干，实权主要掌握在革命党人手中。而且就各部总长任职的实际情况来看，张謇、汤寿潜任职不久，就搬到上海租界去了，从此不再参加会议。程德全以"卧病"为借口就根本没有到南京来任职，而伍廷芳由于参与南北议和，也不管部务。这些人掌管的部均由次长代理，因此当时就有人说临时政府是"次长内阁"。实际上当时管事的总长只有黄兴、王宠惠和蔡元培三人而已，而这三人都是革命党人。所以，就此而言，南京临时政府实质上是一个以革命党人占主导地位的革命政府。

1月11日，各省代表会又决定以红、黄、蓝、白、黑五色旗为中华民国国旗，请大总统颁布各省。这五种颜色，代表了汉、满、蒙、回、藏五个民族，即所谓"五族共和"。

南京临时政府成立后，孙中山为了"尽扫专制之流毒"，颁布和实施了一系列有利于发展资本主义经济、民主政治和文化教育的政策法令和革新措施。

在经济方面，临时政府以保护人民财产为急务。临时政府成立不久，内务部即根据孙中山的指示，发布了保护人民财产的五条命令，其中除规定没收清政府官产、查抄为清政府出力反对民国政府的清政府官吏的财产外，还明确规定："凡在民国势力范围之内之人民，所有一切私产，均应归人民享有。"甚至明确规定那些"确无反对民国之实据"的清政府官员的财产，也"应归该私人享有"。在后来制定的《临时约法》中又明确规定："人民有保有财产及营业之自由。"这实际上是规定了资产阶级私有财产不可侵犯和资本主义企业自由经营的原则。同时，临时政府还颁布了一些保护工商业、鼓励兴办实业的法令规章，并鼓励各地创办各种实业团体，以促进民族工商业的发展。在临时政府的保护和鼓励政策影响下，民国初年出现了一个兴办实业的热潮，使民族资本主义经济得到了一定程度的发展。

在政治和社会改革方面，南京临时政府颁布了一系列改革旧习、建立新制的法令。

（1）建元改历。如前所述，早在1911年12月27日，各省代表会议就讨论了孙中山的改用阳历的提议，并通过了决议。1912 年 1 月 2 日，孙中山通电各省："中华民国改用阳历，以黄帝纪元四千六百九年十一月十三日，为中华民国元旦。"建元中华民国，在政治上宣布了新的国家与旧政权的决裂，也给广大人民群众以新国家的心理归属感和思想上的巨大鼓舞；改用阳历则适应了世界各国普遍使用阳历的这一趋势，也有利于中华民国与世界各国的交往。

（2）保障人权。天赋人权是西方政治上平等学说的核心。南京临时政府成立后，在保护人民权利方面颁布了一系列法令和政令。1912 年 3 月 2 日，孙中山发布《令内务部禁止买卖人口文》，开宗明义就指出："自法兰西人权宣言书出后，自由博爱平等之义，昭若日星。""今查民国开国之始，凡属国人咸属平等，背此大义，与众共弃。"针对清朝统治期间"政治不纲，民生憔悴，逃死无所，妻女鬻为姜媵，子姓沦于皂隶，不肖奸人从而市利，流毒播孽"的情况，他命令内务部"迅即编定暂行条例，通饬所属，嗣后不得再有买卖人口情事，违者罚如令。其从前所结买卖契约，悉与解除，视为雇主雇人之关系，并不得再有主奴名分"。同一天，《临时政府公报》又发布孙中山的《令内务司法两部通饬所属禁止刑讯文》，规定"不论行政、司法官署，及何种案件，一概不准刑讯。鞫狱当视证据之充实与否，不当偏重口供。其从前不法刑具，悉令焚毁"。3 月 11 日，内务部和司法部又根据孙中山的命令，通饬各部门和各地，"不论司法、行政各官署，审理及判决民、刑案件，不准再用笞杖、枷号及他项不法刑具。其罪当笞杖、枷号者，番改科罚金、拘留"。3 月 17 日，孙中山又就改变所谓"贱民"身份和保证他们各项权利的问题令内务部通令各地，对在清朝专制统治下的所谓贱民，"若闽、粤之蛋户，浙之惰民，豫之丐户，及所谓发功臣暨披甲家为奴，即俗所谓义民者，又若薙发者并优倡隶卒等"，不得再有歧视。"凡以上所述各种人民，对于国家社会之一切权利，公权若选举、参政等，私权若居住、言论、出版、集会、信教之自由等，均许一体享有，毋稍歧异，以重人权，而彰公理。" 3月19日，孙中山又专门向外交部和广东都督下达杜绝贩卖"猪仔"、保护华侨的命令，"以尊重人权，保全国体"。这一系列政令对于肃清清朝专制统治影响，保护国民的人权，增强国民的民主意识都具有重要作用。

（3）改革官场旧规，整顿吏治。南京临时政府成立后，针对前清官场的旧规进行了一系列改革。在旧式官场上，行的是跪拜礼，这种反映人格不平等的封建礼节显然不符合革命党人建立民主共和国的理想。因此，还在南京临时政府成立前夕的各省代表会议上，刚刚当选为临时大总统的孙中山就"提出废止跪拜礼，普通相见为一鞠躬，最敬礼为三鞠躬"。这一提议得到了全体代表的一致通过。1912年3月2日，孙中山又令内务部通知中央和地方各部门，要"革除前清官厅称呼"，通知指出："官厅为治事之机关，职员乃人民之公仆，本非特殊之阶级，何取非分之名称。查前清官厅，视官等之高下，有大人、老爷等名称，受之者增惭，施之者失体，义无取焉。"因此要求"嗣后各官厅人员相称，咸以官职，民间普通称呼则曰先生，曰君，不得再沿前清官厅恶称"。这种称谓形式的改革，表明了革命党人追求民主平等的良苦用心。为树立廉洁奉公的新风尚，在孙中山的积极倡导下，南京临时政府实行低薪制，上至总统，下至一般科员，不论官职大小，除食宿由政府供给外，每人每月只有军用券30元。蔡元培任教育总长，一位朋友前往祝贺，正好赶上这位总长自己在洗衣服。财政总长陈锦涛曾对人说：我虽为总长，但实际上前清的司员比我都有钱华贵得多。此外，南京临时政府还扫除了中国旧官场讲排场、摆架子的恶习。无论官阶大小都着同样制服，这种制服是孙中山设计的，称为中山服，流传至今。

（4）革除社会陋习。首先是限期剪辫。在孙中山当选为临时大总统当天（1911年12月29日）南京各界市民就一律剪去辫发，以示庆祝。临时政府建立后，孙中山令内务部向各省发文，限令"凡未去辫者，于令到之日，限二十日，一律剪除净尽，有不遵者，（以）违法论"。剪辫一方面彻底否定了清王朝的专制统治，有利于增强广大人民群众对新的国家的归属感；另一方面也确实是一项移风易俗的重要措施，对辛亥革命后社会风俗的嬗变起了非常积极的作用。3月2日，孙中山发布严禁鸦片通令，号召"各团体讲演诸会，随分劝导，不惮勤劳，务使利害大明，趋就知向，屏绝恶习，共作新民，永雪亚东病夫之耻，长保中夏清明之风"。接着，又于3月6日命令内务部，"著该部悉心筹画，拟一暂行条例，颁饬遵行"。3月11日，孙中山令内务部通饬各省劝禁缠足，令中历数了缠足的危害，指出"当此除旧布新之际，此等恶俗，尤宜先事革除，以培国本。为此令仰该部速行通饬各省，一体劝禁，其有故违禁令者，予其家属要相当之罚"。内务部根据孙中山的命令，通饬各省，对劝禁缠足作出了具体的规定："已缠者，令其必放，未缠者，毋许再缠。倘乡僻愚民，仍执迷不悟，则或编为另户，以激其羞恶之心，或削其公权，以生其务隅之感。"这一命令继承了自维新运动以来禁缠足的思想，推动了民国初年的大规模放足与禁止缠足，对于促进妇女解放、改革社会风俗都起到了重要作用。同时，临时政府内务部还分咨各部及各省都督，要求"无论何项赌博，一体禁除"，并具体规定："凡人民宴会游饮集合各场所，一律不准重蹈赌博旧习。其店铺中有售卖各种赌具者，即着自行销毁，嗣后永远不准出售。责任各该地方巡警严密稽查，倘有违犯，各按现行律科罪，以绝赌风而肃民纪。"以上政令的颁布和措施的制定对废除社会陋习、改革社会风气起了很大的作用，导致了民国初年社会观念的变化和社会习俗的变化。

在教育和文化方面，南京临时政府也采取了一系列措施，使民国初年在教育和文化建设的某些方面取得了很大的成就，尤其是在教育上，以蔡元培为总长的教育部在非常困难的条件下，保证了各类学校及时开学，并推动教育制度和教育内容的改革，从而奠定了民国初年教育发展的基础。

为了尽快恢复因战争而中断的各级各类学校的正常秩序，南京临时政府教育部成立伊始，即颁发了《普通教育暂行办法》14条，规定"从前各项学堂均改称学校。监督、堂长，应一律改称校长"。并明确要求"各州县小学校应于元年三月初四日（即阴历壬子年正月十六）一律开学，中学校、初级师范学校，视地方财力，亦以能开学为宜"。3月初，教育部又通告各省速令高等专门学校开学。接着孙中山又以大总统名义发文教育部，令教育部通告各省，"将已设之优级初级（师范）学校一并开学，其中小学校仍不可听其停闭，速筹开办"。这些旨在使被战火破坏的教育迅速归于正轨的暂行办法和措施，对各级各类学校及时开学和恢复正常教学秩序起了很大的督促和推动作用。

为了用法律的形式把共和国的国体和政体确立起来，孙中山领导的临时政府还制定和公布了许多重要法案，其中最为重要的是1912年3月11日公布的《中华民国临时约法》。《临时约法》共分七章，五十六条。第一章《总纲》共四条，规定："中华民国由中华人民组织之"；"中华民国之主权属于国民全体"；"中华民国领土，为二十二行省、内外蒙古、西藏、青海"；"中华民国以参议院、临时大总统、国务员、法院行使其统治权"。第二章《人民》共十一条，规定："中华民国人民一律平等，无种族、阶级、宗教之区别"；人民得享有人身、居住、财产、言论、出版、集会、结社、通信、信仰等自由，人民有请愿、诉讼、考试、选举及被选举等权利，人民有服兵役、纳税等义务。第三章《参议院》共十四条，规定："中华民国之立法权，以参议院行之"；"参议院以国会成立之日解散，其职权由国会行之"。第四章《临时大总统副总统》共十六条，规定："临时大总统、副总统由参议院选举之"；"临时大总统代表临时政府，总揽政务，公而法律"。第五章《国务员》共五条，规定："国务总理及各部部长，均称为国务员"，"国务员于临时大总统提出法律，公布法律，及发布名令时，须副署之"。第六章《法院》，共五条，规定："法院以临时大总统及司法总长分别任命之法官组织之"，"法官独立审判，不受上级官厅之干涉"。第七章《附则》，规定："本约法施行后，限十个月内，由临时大总统召集国会"；"中华民国之宪法，由国会制定。宪法未施行前，本约法之效力与宪法同"。

就《临时约法》各章规定的内容看，很明显是以西方民主国家的宪法，尤其是美国和法国的宪法为蓝本而制定的。它确立了主权在民的原则，保障了人民的权利和自由，并根据立法、行政、司法"三权分立""代议政治"的原则，确立了中国的国家政治制度和政权组织形式。作为中国第一部具有明显的民主性、革命性的宪法，它的制定和公布，宣告了民主共和原则的正义性和中华民国的合法性，彻底判决了两千多年的封建君主专制制度的死刑，开创了中国民主政治的新局面，在中国政治史上和宪法史上都具有划时代的意义。同时，《临时约法》关于人民权利和自由的一系列规定，对于促进人民的觉醒，使他们投入到反对封建专制主义、争取民主自由的斗争中去，也具有极其重要的作用。

特别可贵的是，孙中山在任临时大总统期间，廉洁奉公，不谋私利，以人民公仆自居，表现出崇高品质。早在他被推选为临时大总统之初，在接受上海英文报纸《大陆报》记者的采访时，孙中山就一再强调艰苦朴素的重要性，说南京政府不需要修建华丽的宫殿，如果没有房子，他可以在临时搭建的棚子里办公。后来临时大总统府设在旧两江总督衙门，他的办公室是西边的一座平房。孙中山穿着也非常简朴，他稍好一点的衣服就是一件极其粗陋的呢子大衣。当时在总统府内，一般人每餐菜金都在 3 元钱左右，而孙中山吃的则是 4 角钱左右的素菜。有一天，南北议和代表伍廷芳、唐绍仪到总统府拜见孙中山，一直谈到吃饭的时候还没结束，孙中山于是留他们一起吃饭，除几碟再普通不过的菜外，没有什么上档次的好菜。唐绍仪生活向来奢侈，每天仅烟酒费就要花二三十元，这样普通不过的饭菜，他怎么吃得下去，但他又不好意思退席，只好对伍廷芳说，今天是我吃斋日，不能吃荤，只可陪食。孙中山则吃得津津有味，边吃边谈，兴趣极高。

孙中山外出视察，很少骑马或坐车，常常步行，也从不在老百姓面前摆架子，没有官僚脾气。有一次，他出城考察，回城路过中华门外的郭家花园时，被群众发现，人们像潮水般地涌来，将他团团围住，想一睹大总统的风采。这时城外的警察分局一位姓姚的局长和一位姓王的巡官率人赶来维持秩序，王巡官看人越来越多，秩序有些乱，便拔出指挥刀前后挥舞，想驱散群众。孙中山见状，立即让卫队长郭汉章去制止王巡官，并告他说："不能这样对待老百姓。"看到孙中山这样平易近人，群众的热情非常高涨，拼命地呼喊"大总统万岁，万万岁"！孙中山知道一时半会儿从中华门是进不了城的，便轻声地用广东话对郭汉章说："我们能不能从旁的城门进？"郭汉章于是对群众喊道："大总统要到制造局去看看，请大家让开一条路！"围观的群众听说孙中山还要去考察，便让开了一条路。这样孙中山一行才绕道从通济门进了城，回到总统府。还有一次，孙中山在考察时发现，在他途经的道路两旁挂满了彩旗和标语，他问是怎么回事。陪同的人告诉他说，是为欢迎他专门准备的。孙中山听后很生气："我个人的行踪不必去惊扰众人"，并嘱咐说以后他外出考察不许告诉地方，更不许搞挂旗帜和标语，劳民伤财。

不管多忙，孙中山总要抽出一定时间接见普通的来访者。有一天，一位80岁的老人从扬州到南京拟瞻仰大总统风采，在传达室被阻。孙中山闻讯，立即召见。老人见了他急忙扔拐杖跪下，要行三拜九叩之礼，孙中山赶紧将老人扶起，他对老人说："总统在职一天，就是国民的公仆，是为全国人民服务的。"老人问："总统若是离职后呢？"他回答说："总统离职以后，又回到人民队伍去了，和老百姓一样。"谈话毕，他送老人到门口，又派车把老人送回住处。老人高兴地说："今天我总算见到民主了。"还有一次，孙中山去参加一个会议，因为他是便装徒步去的，被门前警卫拦住，说："今天孙大总统要来这里演讲，一般人不许进去。"孙中山说："孙大总统不也是一个普通人吗？他只不过是众百姓的公仆。"说完把名片拿出来交给卫兵，卫兵不好意思地点头让他进去了。由于孙中山平易近人，亲近民众，老百姓都亲切地称他为"平民总统"。另据张继回忆，孙中山出席各种会议时，从不坐台上的特别座位，而只是坐在会场的前排，人们一般都称他为"先生"，很少称他"总统"的，有的华侨甚至直呼其名——孙文，他不仅不生气，而且依旧亲切地招待他们。"华侨们偶有争议，在大庭广众之前，可以放大炮，而他处之泰然，让他们心中有话，和盘托出。其所以如此，因为他一切举措都公而无私。"

孙中山坚持"用人唯贤"，反对"任人唯亲"，不徇私情，拒绝安排亲人、老乡或朋友出来做官。他哥哥孙眉对他是有大恩的，如果不是孙眉接他去檀香山读书，也许就没有孙中山的后来，为了支持弟弟革命，孙眉几乎捐出了家中的全部资产。1907年迁居香港九龙后，仍关心和支持革命活动。1912年2月，广东都督陈炯明提出辞职，广东党政军各界推举这位孙眉继任广东都督，教育总长蔡元培也支持此议。但孙中山不同意，并直接发电给孙眉，加以劝阻，认为他没有这方面的才能。孙眉因此对弟弟很有意见。后来，孙中山回到故乡翠亨村时，两兄弟相见，孙眉责问他为什么不同意他当广东都督，孙中山回答说："你是我大哥，家里的事，我当然要听你的；但你当广东都督那是国家的事，既然是国家的事，就不能随便。"孙眉听后无话可说。被称为"四大寇"之一的杨鹤龄，是孙中山的幼年同乡好友，也是兴中会的最早会员，为革命做出过贡献。南京临时政府成立后，连续给孙中山写了两封信，希望孙中山给他个一官半职。孙中山在批复来信中说："真革命党，志在国家，必不屑于升官发财，彼能升官发财者，悉属伪革命党。"

## 三、被迫让位给袁世凯

然而，以孙中山为大总统的南京临时政府存在仅三个月就夭折了。

先是武昌起义后，清政府为了挽救灭亡，被迫起用已被赶回原籍的袁世凯，任命他为内阁总理，负责镇压革命。袁世凯上台后，在西方列强的支持下，一面用革命党人来胁迫清政府，逼它向自己交出全部权力；一面用清政府来胁迫革命党人，逼其就范投降；企图一箭双雕，既夺取清政府的最高权力，又迫使革命党人把政权交给自己。为实现这一目的，他软硬兼施，在派出自己控制的北洋军队向武汉发动进攻，并先后攻下汉口、汉阳的同时，又多方派人与南方革命党人单线联系，申言"袁世凯将率北军反正，即请南方举袁为临时大总统，以免兵连祸结"。他还通过与英国驻华公使朱尔典，电令英国驻汉口领事葛福出面调停，提议停战议和，并放出空气，说袁愿意反正议和，但前提是革命党人必须推举他为临时大总统。而参与了革命的一些立宪党人和旧官僚，如张謇、汤化龙、黎元洪、程德全等人也纷纷表示，临时大总统非袁世凯莫属，他们还为此上串下连，四处活动。

面对武昌起义后形势的迅速发展，尤其是袁世凯的软硬兼施，革命党人理应加强团结和对革命的领导，但事实却与此相反，在革命的紧要关头，作为革命人组织的同盟会反而更加涣散了。武昌起义后，一些立宪党人和旧官僚攻击同盟会是要"执政权而家天下"，革命党人革命的目的是革命后自己当官。针对立宪党人和旧官僚的攻击，同盟会总部则于武昌起义后不久发表了一个宣言，一方面指出"元凶尚在，中夏未靖"，革命将进行下去，直至建立民国；但同时又向社会保证：革命党人将于"功成事遂"之后全身引退，"散处朝市或悠悠林野，各得其所，不闻有私政之事"，更不会谋取一官半职。为了与革命党人争夺对革命的领导权，一些立宪党人和旧官僚还联合同盟会内部个别长期对孙中山不满的领导人，掀起了一股解散同盟会的逆流。1911 年 12 月 12 日，章太炎反对由同盟会领导建立临时政府，提出了一个所谓"革命军起，革命党消"的口号，说什么"革命军起，革命党消，天下为公，乃克有济"。又说：由同盟会领导建立政府，"是欲以一党组织政府，若守此见，人心解体矣"。章太炎的"革命军起，革命党消"的口号一提出，立宪党人和旧官僚便如获至宝，立即加以配合。张謇致信黄兴说："统一最要之前提，则章太炎所主张销去党名为第一，此须与中山先生早及之。"尽管黄兴对章太炎提出的"革命军起，革命党消"的口号进行了抵制，但同盟会的其他一些主要领导人，如宋教仁、张继、谭人凤等都或多或少地赞同或部分地赞同这一口号。如谭人凤就说："同盟会于未革命以前极为重要，今既革命，凡属国民皆应一体致力于国家，不必各立党派，各存党见。"同盟会的机关报《民立报》甚至发文公开说：只有解散同盟会，才能"拯救党派纷歧的中国"。还有一些同盟会的领导人或骨干，脱离同盟会，与立宪派人和旧官僚合作，组建了或计划组建新的政党。

本来在当时中国的各派政治力量中，革命党人的力量相对来说就较为弱势，这也是武昌起义前革命党人发动的历次起义都归于失败的原因之一，武昌起义后同盟会的涣散，更削弱了革命派的力量，加上他们又害怕群众，因此，他们对能否战胜袁世凯的北洋新军信心不足，甚至可以说存在着一种恐惧。另外，他们又担心不迅速推翻清王朝、结束革命会引起社会动乱和西方列强的干预，从而导致列强对中国的瓜分。因此，如著名辛亥革命史专家胡绳武先生指出的那样："当时在革命党中较普遍地存在着一种认为袁世凯如能反正，借袁之力推翻清廷，以建民国最为有利的心态。"于是他们接受了和谈的建议以及袁世凯提出的和谈条件：即只要袁世凯反正，逼迫清帝退位，就选他为临时大总统。1911 年 10 月 28 日，同盟会机关报《民立报》发表《敬告袁项城》的社论，公开表示袁如反正，同盟会就会推他为总统。11 月 9 日，在同盟会中的地位仅次于孙中山的黄兴，在武汉以革命军战时总司令的名义写信给袁世凯，希望他"以拿破仑、华盛顿之资格，出而建拿破仑、华盛顿之事功"。11 月 30 日，准备讨论筹建临时政府的各省代表会议在汉口英租界顺昌洋行召开。12 月 2 日，由代表会议正式讨论决定："若袁世凯反正，当公举袁为临时政府大总统。"12 月 9 日，黄兴再次写信给当时正在北京，与袁世凯打得火热，并与袁的儿子袁克定称兄道弟的汪精卫，让他做袁的工作："项城雄才大略，素负全国重望。（若）能顾全大局，与民军为一致之行动，迅速推倒满清政府……中华民国大统领一位，断举项城无疑。"

袁世凯得到革命党人的上述口头承诺后十分高兴，12 月 7 日，他即派唐绍仪为全权代表，刻日南下与革命党人议和。9 日，从汉口迁移到上海开会的各省代表会议推举伍廷芳为南方代表，与唐绍仪谈判。18 日，伍廷芳和唐绍仪在上海英租界南濂路议事厅举行首次会谈。参加会谈的还有英、美、法、德、日、俄各国驻上海领事。他们根据各政府的指示，向谈判的双方代表致送了一文同文照会，公然干涉中国内政，要求双方尽快达成协议。照会说："目前中国的战事的继续进行，不仅使该国本身，而且也使外国人的重大利益与安全，将遭受严重危险。各国政府……认为有责任非正式地吁请双方代表的注意，需要赶快达成一项旨在结束目前冲突的协议。"照会看起来是给双方的，不偏不倚，但实际上它加重了革命党人怕革命引起动乱和外国列强干预的心理，起到了对革命党人施压的效果。到

1912年3月29日，孙中山参加下属举行的饯别宴会后与部下合影。
（前排左起：胡汉明、唐绍仪、孙中山、黄兴、汪精卫；二排左起：景耀月、
蒋作宾、徐绍桢、钮永建、居正；三排左起：魏宸组、蔡元培、吕志伊、
但焘、朱卓文；四排右一：黄复生；右二：王鸿猷）

12月底，也即孙中山回国之前，双方共进行了五次会议，讨论的主要问题，
除军队停战的主要措施外，就是君主立宪还是民主共和的问题。唐绍仪代
表袁世凯主张君主立宪，而伍廷芳代表南方独立各省主张民主共和。实际
上，所谓的君主立宪和民主共和之争，只不过是袁世凯的伎俩而已：他一
方面以革命党人要求民主共和来逼迫清王朝主动退位，从而使自己成为推
翻清王朝的英雄；另一方面又以坚持君主立宪来迫使革命党人让步，兑现
他们原来做出的只要袁反正就推举他为临时大总统的承诺。当时的报刊舆
论对袁的这一阴谋就有所觉察，上海的《时报》1911年12月29日曾发文

指出："袁世凯惧第一期之大统领为他人所得，而又无能为毛遂之谋，故于务方面密遣心腹，竭力运动，已则扬言共和政体如何不宜于今日之中国，实则一俟运动成熟，遂尔实行。"最后南北双方达成协议：是采用君主立宪还是民主共和，由国民会议投票决定；国民会议由每省派代表三人组成，于1912年1月8日在上海召开。袁世凯的如意算盘是：先由国民会议投票决定国体，然后由革命党人实践承诺选他为大总统，再让清帝退位，这样他既能实现自己的政治野心，又可避免"曹孟德欺君之名"。

然而，孙中山从海外的归来，使革命党人的士气大振，也打乱了袁世凯的部署。12月29日，孙中山被推选临时大总统；1912年1月1日，孙中山宣誓就职并建立起了临时政府。对此，在北京的袁世凯恼羞成怒，12月30日，也就是孙中山被推选为临时大总统的第二天，他即致电唐绍仪，表示不接受唐与南方代表伍廷芳达成的和谈协议。接着，他又发表通电责备唐绍仪说："南北协议以君主立宪为前提，而唐伍两个全权擅用共和政体，逾其职权；且协约未决，南人先组织政府，公推大总统，有悖协约本旨。"迫使唐绍仪受责辞职。他甚至公开责问南方代表："选举总统是何用意？设国会议决君主立宪，该政府及总统是否亦即取消。"为了给革命党人施压，他还唆使北方的一些将领发表通电，"要以铁血解决政体"问题，并公开表示："此后之战，皆为项城，非为满清。"对孙中山领导的临时政府进行赤裸裸的军事威胁。

孙中山被推选为临时大总统，这也是外国列强不愿看到的。因为在外国列强的眼里，"中国当代……找不出一个比袁更能干的人"，袁世凯是他们最理想的代理人。相反，孙中山在东西方列强心中，只是一个好说"大话""空话"的政治家，缺乏"领袖的能力"和"可靠性"。为了帮袁世凯能成为大总统，外国列强这时也向南京临时政府施加了强大压力。孙中山当选临时大总统的第二天，《字林西报》即发表了一篇社论，攻击南京临时政府是"独裁"，是"寡头政治"，而不是一个"民有、民治、民享的政府"。美国国务院公开表示："对于革命党人急急忙忙企图建立一个共和国的行动感到某种忧虑。"日俄两国为反对承认临时政府，多次举行会谈，希望其他国家和他们采取一致行动，他们认为："只要日、俄两国政府显示出强硬态度，对中国共和政府不予承认，其他列强恐亦不会急于承认。"为了扼杀中国革命，迫使以孙中山为总统的南京临时政府的妥协，他们还扣留海关税款。本来，作为清政府所借外债和对外赔款担保品的税款，照例是在征收后存入中国银行。但在南方临时政府控制的地区，征收的海关税款由各外国银行组织的专门机构管理，后来，公使团又指定由汇丰银行、德华银行和华俄道胜银行联合组成一个非常委员会，来管理和分配海关税收，不给南京临时政府分文的管理权和使用权。英国公使朱尔典在写给英国外交大臣的报告中，道出了外国列强之所以要扣留中国海关税款的目的："当某一条约口岸的管理权从清政府落到革命党人手中时，征收的款项就处在后者的支配之下，因而存在着一种严重的危险，即可能被他们用来充作军费，或供满足叛党政府的其他急需之用。"（《英国蓝皮书》1912年中国1号，第121号，第107页）

孙中山本来是反对"和谈"，主张把革命进行到底的，他回到上海刚一上岸，就对记者明确表示："革命之目的不达，无和议之可言也。"但面对外国列强的干涉、立宪派人和旧官僚的诽谤、袁世凯的施压，尤其是同盟会的涣散和既成的议和事实，他不得不作出让步。1911年12月27日，孙中山在上海接见由南京各省代表会议派出的欢迎代表，就组织临时政府的有关问题回答欢迎代表提出的问题时就明确表示：袁世凯真能拥护共和，我可以把总统的职位让给他。1月14日，当袁世凯通过唐绍仪询问，如果他逼清帝退位南方选自己为大总统"有何把握"时，孙中山立即表示："如清实行退位，宣布共和，则临时政府决不食言，文即可正式宣布解职；以功以能，首推袁氏。"1月22日，孙中山提出议和的办法五条，其中第二条是南方"接到清帝退位通知后，孙中山即行辞职"，"由参议院举袁为临时大总统"，"袁若不能实行"则无议和可言。

袁世凯在得到孙中山的保证后，知道只要自己能逼清帝退位，南方就会按承诺推选自己为临时大总统，于是加快了逼宫的步伐。他在收买清廷权贵、利用革命党人彭家珍暗杀军谘使良弼事件以恫吓隆裕太后为首的清最高当局等伎俩都无明效的情况下，图穷匕见，2月5日，他指使以段祺瑞为首的北洋军前线将领联名发表通电，要求清廷"立定共和政体"，否则将带兵入京，对清廷进行武力威胁。这一招还真灵，2月12日，隆裕太后不得不以宣统皇帝的名义发布退位诏书，宣告天下。诏书曰："今全国人民心理多倾向共和，南方各省既倡议于前，北方诸将亦主张于后，人心所向，天命可知。予亦何忍因一姓之尊荣，拂兆民之好恶。是用外观大势，内审舆情，特率皇帝将统治权公诸全国，定为共和立宪政体，近慰海内厌乱望治之心，远协古圣天下为公之议。袁世凯前经资政院选举为总理大臣。当兹新旧代谢之际，宜有南北统一之方，即由袁世凯以全权组织临时共和政府，与民军协商统一办法。"（中国史学会主编，《辛亥革命》八，第183页）统治中国二百六十多年之久的清王朝就这样结束了。"当天晚上，袁世凯在外交部大楼里把拖在脑后的辫子剪掉。他一边剪，一边不断哈哈大笑。这种开心的狂欢在其一生中极其罕见。"（侯宜杰：《袁世凯全传》，第250页）

据研究，清帝退位诏书是由张謇拟定，经南京临时参议院讨论后，则唐绍仪电达袁世凯转交清廷公布的。其中"由袁世凯以全权组织临时共和政府"一语，是袁世凯蓄意加入的，以表示他的权力得自于清廷，而不受南京临时政府的约束。2月13日，亦就是清帝退位诏书公布的第二天，袁世凯致电南京临时政府，宣布"共和为最良国体"，并表示要"从此努力进行"，"永不使君主政体再行于中国"。同日，孙中山向南京临时参议院提出辞职咨文和推荐袁世凯为临时大总统的咨文。15日，临时参议院开会选举袁世凯为临时大总统，参加投票的共17省议院，每省一票，袁世凯得了17票。投票结束后，临时参议院即致电袁世凯，告知他选举结果，并称赞他为"中华民国之第一华盛顿"。16日，袁世凯回电临时参议院，表示欣然接受。辛亥革命的胜利果实就这样被袁世凯篡夺了！

　　孙中山虽然让位给了袁世凯，但他深知袁世凯是个翻手为云、覆手为雨的小人，戊戌变法期间，他曾出卖过康有为、梁启超等维新派和主张变法的光绪皇帝。为了防备袁世凯破坏革命成果，孙中山在向临时参议院提出辞职咨文时，附加了三个条件："（一）临时政府地点设在南京，为各省代表所议定，不能更改；（二）辞职后，俟参议院举定新总统亲到南京受任之时，大总统及国务各员乃行辞职；（三）临时政府约法为参议院所制定，新总统必须遵守颁布之一切法制章程。"

　　孙中山之所以要提出建都南京，要袁世凯到南京任职，是因为在他看来："南京是民国开基，长此建都，好作永久纪念，不似北京地方，受历代君主的压力，害得毫无生气，此后革故鼎新，当有一番佳境。"南京是革命的中心，而北京是封建主义的老巢，孙中山想把袁世凯从北京调到南京，以削弱其势力。老奸巨猾的袁世凯当然知道孙中山要他到南京就职的用心，所以他一方面以"北方秩序不易维持"为借口，不顾孙中山的一再催促，赖在北京不动；另一方面又暗中请求外国列强出面干涉。当时英国驻南京总领事威勤逊向南京临时政府外交总长王宠惠蛮横表示：在外国公使看来迁都南京是一种"过分要求"，因为不仅临时政府首都和临时政府一样是临时的，而且在南京"没有适合公使馆使用的房屋设备"。孙中山见袁世凯赖在北京不动，于是干脆在2月21日派蔡元培、宋教仁、汪精卫等人为专使，到北京迎接袁世凯到南京就职。迎袁专使 27 日到北京后，袁世凯不仅举行了盛大宴会，欢迎迎袁专使，而且还许诺待一些急需处理的事情处理完后就和迎袁专使一道南下。迎袁专使们信以为真，并为他的热情接待所感动。但暗地里，他则指使曹锟第三镇的两个营于 29 日夜发动兵变，放火焚烧和抢劫专使们居住的东城和前门一带，"哗变"士兵甚至持枪闯入迎袁专使的驻地，吓得蔡元培等人仓皇走避。第二天，兵变的范围迅即扩大，天津、保定一带的北洋军也纷纷出动，放火、抢劫、攻击藩库、焚烧衙门，数千栋民居和铺面被付之一炬，一时人心惶惶。外国列强也再一次与袁世凯唱起了双簧：兵变发生的当天下午，北京外交团决定"经强有力的外国部队每天在通衢大道担任巡逻"。第二天，各国军队七百余人在北京市区列队示威。他们还从旅顺、香港、哈尔滨等地调了三千多部队入京"护卫"。

袁世凯这一手真灵。蔡元培等迎袁专使相信袁世凯所导演的主场"兵变"是真的。所以他们在惊恐之余，于 3 月 1 日、2 日两天，连电南京临时政府，说袁世凯不能南下，否则北方的局面将不可收拾。他们提议取消孙中山提出的建都南京、袁世凯到南京就职的要求，允许袁世凯在北京就职。迎袁专使不仅没有迎袁南下，相反成了袁在北京就职的主张者。连迎袁专使都认为袁世凯不能南下就职，孙中山和其他革命党人还有什么好说的呢？3 月 6 日，南京临时参议院议决出六点办法：（一）由参议院电知袁世凯允其在北京就职；（二）袁接电后即电参议院宣誓；（三）参议院接宣誓电后即电复承认受职，并通告全国；（四）袁受职后即将拟派之国务总理及各国务员姓名电达参议院造征请意；（五）国务总理及各国务员任定后，即在南京接收临时政府；（六）临时总统孙中山于交卸后始行解职。3 月 10 日，袁世凯在北京宣誓就任临时大总统。孙中山调袁世凯出北京、以削弱其势力的计划宣告失败！

3月11日，孙中山在南京颁布《中华民国临时约法》。这是孙中山防备袁世凯的最后一招。我们前面已经讲过，早先成立南京临时政府时曾发生过总统制与责任内阁制之争，孙中山主张采取总统制，总统拥有很大的权力；而宋教仁则主张责任内阁制，总统只是名义上的国家元首。由于孙中山的坚持，南京临时政府采用的是总统制。但《临时约法》采用的则是责任内阁制，总统不掌握实权。孙中山这时之所以同意宋教仁的主张，采用责任内阁制，其目的很明显，就是要用责任内阁制来捆住袁世凯的手脚，防止他搞封建专制主义独裁。袁世凯当然也知道孙中山改总统制为责任内阁制的用意，但在当时他对此并没有提出反对意见，因为他深知，只要自己当上了临时大总统，掌握了军政大权后，一纸条文是捆不住自己手脚的。你孙中山能够制定《临时约法》，我也可以废除它，另起炉灶，制定自己需要的约法乃至一切法律条文。当时争论的是由谁出任内阁总理的问题。袁世凯提议由他的心腹、曾代表他与南方谈判的唐绍仪出任内阁总理，而孙中山、黄兴等人则主张由同盟会会员出任这个重要职务，双方一度争执不下。后来经立宪派人士从中调解，达成妥协方案：唐绍仪出任总理，同时加入同盟会，这样双方的要求都得到了满足。3月25日，唐绍仪抵南京组织新内阁，接收临时政府。新内阁中的内政、外交、陆军和海军四个最重要的部都由袁世凯的亲信出任，革命党人蔡元培、宋教仁和陈其美分别担任教育、农林和工商部部长。立宪派人士掌管财政部。本来，按照孙中山的想法，陆军和财政两部由革命党人掌管，但袁世凯坚决不同意。结果又是袁世凯占了上风。

1912年4月1日，孙中山正式辞去临时大总统职务。5日，临时参议院决议临时政府北迁，南京临时政府至此夭折。从此，中国进入北洋军阀统治的黑暗时代。

第八章

# 捍卫民主共和

发动"二次革命"

反对帝制复辟

领导护法运动

# 一、发动"二次革命"

孙中山辞去临时大总统职务后，并没有清楚地认识到辛亥革命已经失败，相反，他认为他所领导的这场革命已经取得很大的胜利。《在南京参议院解职辞》中他说："三月以来，南北统一，战事告终，造成完全无缺之中华民国，此皆中国国民及全国军人之力所致。在本大总统受职之初，亦不料有此种之好结果。亦不料以极短之时期，而能建立如此之大事业。"并充满信心地认为："在我们的面前，尚有大量的工作必须完成，俾使中国能以伟大强国的身份与列强并驾齐驱。"而这"大量的工作"之一，或者说是最重要的工作，就是发展实业，实现他的"民生主义"。早在孙中山就任临时大总统之前，他就认为："满清时代权势利禄之争，吾人必久厌薄。此后社会当以工商实业为竞点，为新中国开一新局面。"就在他解除临时大总统职务的同一天，在南京同盟会会员为他举行的饯别会上他发表演说时，又向同盟会会员们明确表示：三民主义中的民族、民权两主义已"因清廷退位而付之实现"，"惟有民生主义尚未着手"，当前的任务就是要致力于比政治更紧要的"民生主义"事业，而"民生主义"的主要内容就是"平均地权"。同时，他还提出借外债以发展实业和修筑铁路，"国家欲兴大事业，而苦无资本，则不能不借外债"，借的外债如果不用在发展实业上则有害，反之则有益。他对发展实业充满信心，认为从前因清政府的种种限制，实业发展不起来，现在清政府被推翻了，建立起了民主共和国，种种限制已被取消，因此，实业的发展可以预期。他在演说中还一再声明：他尽管解除了临时大总统职务，但"解职不是不理事"，他以后将以民国国民的身份，专门从事发展实业的社会活动，以从根本上来巩固民国。

为此，孙中山从解除临时大总统职务后第三天（即 4 月 3 日）起，在胡汉民等人陪同下，先从南京赴上海，继到武汉，再至福州、广州，最后前往华北各地，每到一处，他都要对"社会革命""平均地权""振兴实业""铁路国有"等问题发表演说。有人统计，从 1912 年 4 月到该年年底的 9 个月时间里，孙中山在各地共作过 40 多场演讲，其中有关民生主义、社会主义、实业建设等问题的演讲就不少于 25 次之多。（参见《孙中山的历程》下，第 13 页）这正如孙中山在同年 7 月中下旬接见纽约《独立杂志》记者李佳白所说的那样，他当时正集中思想和精力，"从社会、实业与商务几个方面重建我们的国家"，"希望看到人民大众的生活状况得到改善，而不愿帮助少数人增殖他们的势力，直到成为财阀"。孙中山尤其对修筑铁路特别感兴趣，他认为要发展实业，就必须先修筑铁路，因为交通为实业之母，而铁路又为交通之母，修筑铁路是发展中国财源的第一要策。为

孙中山在张家口视察铁路建设

此，他专门到上海和黄兴商讨过修筑铁路的事情，并亲自草拟了一份修筑铁路的计划，计划通过修筑南路（自南海至天山之南）、中路（自扬子江口达伊黎）和北路（自秦皇岛达蒙古乌梁海）三条沟通全国的主要铁路干线，建立起全国铁路网。

这年（1912年）的8月，孙中山应袁世凯邀请，到北京与袁"商谈国是"。袁世凯为了欺骗孙中山，麻痹革命党人，故意给孙中山以国家元首的隆重接待，对孙中山提出的每一项主张，他都无不表示赞成。孙中山本来就对袁世凯存有一定幻想，又加上袁对他表面极为尊敬，使他对袁世凯大生好感，不仅发电报给在上海的黄兴，认为对袁"绝无可疑之余地"，敦促他"千万先来此一行"，而且天真地向袁表示，支持袁当十年总统，练精兵百万，自己"十年不预政治"，"专求在社会作成一种事业"，即修筑铁路，他立志要在十年内修筑二十万里铁路，"使中国全境，四通八达"，成为全球第一强国，不再受外国列强的欺负。袁世凯也投其所好，9月9日任命孙中山为全国铁路督办。

在京期间，宋教仁改同盟会为国民党，推孙中山为理事长，孙中山正热衷于自己的铁路建设事业，表示不愿过问党事。不久即委托宋教仁为代理理事长，而自己以全力投入筑建铁路工作。他夜以继日地规划铁路建设，钻研铁路资料，到处发表演说，宣传他的修筑铁路的计划和主张。这年秋天，他还先后深入到华北、华中的北宁路、津浦路和胶济路等铁路沿线，进行实地考察，并完成了全国各地铁路干线分布的设计工作。10月14日，他在上海正式成立中华铁路总公司，同时设立了铁路督办办事处，着手筹措修筑铁路的经费。按照他的设想，修筑铁路所需要的大量经费主要通过三种方式来解决：一是直接向外国人借款，自行筑路；二是成立中外合办公司，订立招股章程，招股筑路；三是将路批给外国人修筑，经营一定时期后，由中国政府采取有偿或无偿的方式收归国有。他并且强调，无论采取哪种方式，都要以维护国家主权完整和国家根本利益不受侵害为前提。他还提出了借用外债的三条原则："一、不失主权；二、不用抵押；三、利息甚轻。"他曾就借款和招股与一些外国银行、公司和个人进行过接触，但都没有取得成果。

为了实现他的社会改革尤其是发展实业、修筑二十万里铁路的理想，1913 年 2 月，孙中山以前中华民国总统和"全国铁路督办"的身份到日本考察，先后参观访问了长崎、门司、下关、东京、横滨、横须贺、名古屋、京都、大阪、神户等城市，每到一地，他走访学校、社区，参观工厂、企业，广泛与日本的政治家、实业家、商人以及普通民众接触、交谈，希望得到日本的资金和技术支持。他特别是向日本各界详细介绍了他修筑铁路的计划，认为中国的铁路应以粤汉路为干线，并使它早日开通，然后及于其他，这是中国发展铁路的顺序。

然而正当孙中山为实现他的社会改革尤其是发展实业、修筑二十万里铁路的理想而四处奔走之时，发生了宋教仁在上海车站被袁世凯派人刺杀事件。先是 1912 年 8 月 25 日，同盟会与其他几个小党派合并，改组为国民党，宋教仁以代理理事长的身份主持国民党日常工作。1913 年初，民国成立后第一届国会举行选举，宋教仁领导国民党赢得选举胜利，并准备根据《临时约法》的规定，回京组织第一届责任内阁，在中国实现"政党政治"。国民党的胜利尤其是宋教仁的政治抱负，对袁世凯的专制统治当然是极大的威胁。在收买无效的情况下，1913 年 3 月 20 日，袁世凯派人在上海车站对宋教仁下了毒手。"宋案"发生后，袁世凯一面散布谣言，说宋教仁是被国民党内的反对派杀的；一面又假惺惺地电令江苏地方当局"迅缉凶手，穷究主凶，务得精确，按法严办"。但"穷究"的结果，主使行刺的人正是袁自己，而且布置暗杀的人是袁世凯的心腹国务总理赵秉钧。

宋案发生时，孙中山正在日本访问。当得知宋教仁被刺杀的消息后，他立即从日本赶回上海，血的教训使他终于认识到要实现民主，维护共和，就非去袁世凯不可，从而主张以武力倒袁，发动"二次革命"。他回到上海的当天晚上就在黄兴的寓所召开国民党主要干部会议，讨论宋案问题。他认为事实已经很明显，只有起兵一法。因为袁世凯是总统，总统指使人暗杀，则非法律所能解决，要解决，只有起兵。他并提出，乘袁世凯还没有做好充分准备的时机，采取"先发制人"的策略，立即组织讨袁军，兴师讨袁，保卫辛亥革命成果。但此时国民党内部出现意见分歧，因南京临时政府时期的军队这时都已遣散殆尽，黄兴对武力讨袁没有信心，主张"法律倒袁"；国民党在南方掌握实权的几个都督，除江西的李烈钧外，其他人都不积极；胡汉民以"时机未至"拒绝首先在广东宣布独立；陈其美以没有海军防守为借口也不同意在上海首先起兵。大部分国民党议员为保住自己的地位，支持"法律倒袁"。与国民党内部分歧举棋不定相反，袁世凯则在积极准备用武力镇压革命党人。他不顾国民党和社会舆论的反对，打着"善后"的招牌，以中国对盐税和海关税等收入为抵押，向英、法、俄、日、德借得贷款二千五百万镑。当一切准备就绪后，同年6月，他借口国民党的三个地方都督（江西李烈钧、广东胡汉民、安徽柏文蔚）曾通电反对"善后大借款"为由，下令免除他们的职务，同时分兵三路南下，企图一举消灭国民党在南方的势力。第一路为段芝贵部，由京汉线南下进攻江西；第二路为冯国璋部，以张勋为先锋，由京浦路南下进攻南京；第三路为倪嗣冲部，由汴梁经颍州、正阳关，及太湖进攻安庆。

在袁世凯步步紧逼面前，国民党的部分领导人终于接受了孙中山武力倒袁的主张。1913年7月17日，江西都督李烈钧受孙中山指令，从上海回到江西湖口，组织讨袁军，发布《讨袁檄文》，宣布独立，"二次革命"爆发。接着，黄兴在孙中山的敦促下赶到南京，强迫江苏都督程德全于15日宣布江苏独立，并被推为江苏讨袁司令。18日，广东、安徽两省宣布独立，20日福建宣布独立，22日上海国民党组织讨袁军，25日湖南宣布独立，8月4日重庆宣布独立，加入反袁行列。

"二次革命"是孙中山发动的一次武装斗争，是维护民主共和制度的一次努力，但由于敌我力量悬殊，战前准备不足，国民党内部又不能统一，江苏都督程德全、福建都督孙道仁、湖南都督谭延闿本身就不主张独立。只是迫于形势，而不得不宣布独立的。程德全在江苏独立不久即溜往苏州，通电反对讨袁，加上各独立省份之间互不统属，缺乏统一指挥，结果国民党很快战败。7月25日湖口失陷，8月18日南昌陷落。9月1日南京被北洋军攻占，8月6日安徽师长胡万泰被袁世凯收买倒戈，宣布取消独立。8月9日，福建取消独立。接着湖南、四川先后宣布取消独立。"二次革命"起兵不到两个月就被袁世凯镇压下去，孙中山、黄兴再次成为通缉"要犯"，在国内无法安生，去了日本。从此，孙中山高举民主革命的大旗，开始了新的斗争历程。

## 二、反对帝制复辟

孙中山到了日本，鉴于民国成立后，尤其是二次革命中，党内纪律涣散，行动不能统一，以致二次革命迅速失败的沉痛教训，决定把国民党改组为中华革命党，以便重新集结革命力量，进行"共和国三次革命"。经过半年多积极筹备，1914年6月22日，在东京召开了中华革命党第一次大会，到会的有八省逃亡到日本的党人，孙中山被推为总理。7月8日，中华革命党在东京举行了成立大会，并公布了孙中山手书的《中华革命党总章》。《总章》规定：中华革命党"以实行民权、民生两主义为宗旨"；"以扫除专制政治建设完全民国为目的"；在宪法颁布前，"一切军国庶政，悉归本党党员完全负责"；并按入党先后，分党员为"首义""协助""普通"

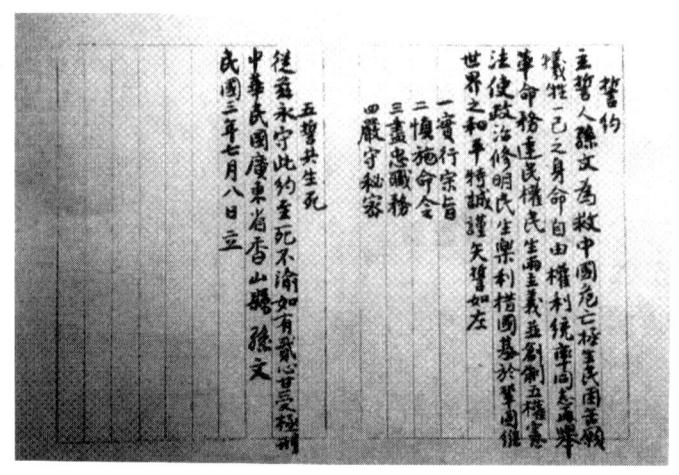

中华革命党成
立之日，孙中山立下
的誓约

三种，各有不同的政治权利，即在起义后实行宪政的时期，首义党员有参
政执政的优先权利，协助党员有选举权和被选举权，普通党员只有选举权。
《总章》还要求入党人员按指印、立誓约，表示绝对服从党魁即孙中山本
人。孙中山将国民党改组为中华革命党，虽然改变了原来党人涣散的局面，
但把党员分为三种，并要求入党人按指印、立誓约、表示绝对服从党魁的
做法，严重违背了民主原则，具有浓厚的会党色彩，因而遭到一些老资格
的革命党人如黄兴、李烈钧、谭人凤等的反对，他们没有参加中华革命党，
这严重地影响了中华革命党的战斗力。尤其是黄兴，自同盟会成立之日起，
就一直是孙中山的亲密战友和得力助手，在同盟会中具有崇高威望，其地
位仅次于孙中山，人们一般都把他和孙中山并称为孙黄。黄兴的不参加，
影响了不少人。中华革命党的党员人数最多时只有 500 人左右，根本无法
与同盟会以及后来的国民党的人数和实力相提并论。

中华革命党的组织机构，在本部下分设总务、党务、军事、政治和财
政五部，总务部部长陈其美，党务部部长居正，军事部正副部长许崇智、
马锟，政治部正副部长胡汉民、杨庶堪，财政部正副部长张静江、廖仲恺。

中华革命党党证

国内外各地设支部，国内支部的主要工作是筹划和组织武装起义，海外支部的主要工作是筹款。这也是孙中山的一贯思想，认为武装起义的成功与否，与筹款的多少有着直接的关系。

中华革命党成立后，即在孙中山领导下，开始了维护民主共和、反对袁世凯专制统治的斗争。他通过总结"二次革命"失败的教训，认识到掌握军队的重要性，用他的话说，国事未定，革命党人必须要拥有不受别人欺侮的实力，"质言之，即是武力"，必须以革命的武力来反对反革命的武力。同年9月，孙中山仿照同盟会制定《中国同盟会革命方略》，又亲自拟定了中华革命党的《革命方略》，并于1915年夏召开本部各部长会议，决定组织中华革命军，先后派陈其美、居正、胡汉民、于右任等回国，分别组建中华革命军东南军（上海）、东北军（青岛）、西南军（广州）和西北军（陕西三原）四个总司令部，组织和发动反袁战争。据不完全统计，仅1915年间，中华革命党发动的起义就有十多次。这些起义由于规模小，没有深入发动人民，都相继归于失败。

在反对袁世凯斗争的艰苦岁月里，孙中山得到了宋庆龄的巨大支持和爱情。宋庆龄是孙中山的老朋友，亦是老革命党人宋耀如的二女儿。1913年夏，宋庆龄于美国大学毕业后到日本探望当时也因二次革命的影响而在日本过流亡生活的父母，并见到了她从小就十分崇敬的孙中山。不久，征得父亲同意，她接替大姐宋霭龄担任孙中山的秘书，帮助孙中山处理函电、起草文件和经管革命经费。在共同的工作中，宋庆龄被孙中山的革命精神和高尚的品德所感动，并产生了和孙中山共同生活的愿望。一天，她把自己的想法告诉了孙中山。孙中山尽管也非常喜欢年轻、活泼、端庄和善解人意的宋庆龄，但她毕竟是自己老朋友的女儿，而且比自己小二十七岁，因此，他要宋庆龄慎重考虑，尤其要取得父母的同意。但宋庆龄的决心已下，她告诉孙中山：与他结合是经过长期考虑后的决定，只有他和他从事的革命事业，才能给自己带来幸福和快乐。1915 年 6 月，宋庆龄返回上海，向父母提出自己要和孙中山结婚，遭到全家极力反对，他们认为二人的年龄相差太大，而且孙中山已有妻室儿女，宋庆龄要嫁给孙中山，根本不切实际。但无论家人怎样劝说，庆龄就是不听，并表示自己非孙中山不嫁。父母没有办法，只好把她关了起来。

青年时代的宋庆龄

不仅宋庆龄的家人反对，孙中山的不少老战友和老同志也反对这桩婚姻，认为孙中山娶比自己小二十七岁的老朋友的女儿为妻，与伦理不合，有损于孙中山的形象。他们派出代表去说服孙中山，但孙中山毫不理睬。他告诉他们，他是人，不是神，人是有感情的，他真爱宋庆龄，宋庆龄也真爱他，相爱的人结合在一起难道有什么不对？为了扫除与宋庆龄结合的唯一障碍，在宋庆龄返回上海的期间，孙中山也办好了与原配夫人卢慕贞的离婚手续。孙中山和卢慕贞是 1885 年结婚的。和那时所有青年一样，他们的结合也是奉父母之命、媒妁之言和八字之合，根本谈不上爱情。结婚后，虽然卢夫人为他生了一男二女，但卢一字不识，又长一双小脚，两人在理想、志趣、知识和生活习惯上相差太大，加上孙中山为革命长年四处奔走，很少有时间在一起生活，彼此没有什么感情交流，所谓夫妻仅是名分而已。因此，当孙中山写信提出离婚时，卢慕贞便答应了。

1915 年 10 月 25 日，孙中山与宋庆龄在东京结婚后合影

为了实现与孙中山的结合，宋庆龄什么也顾不得了。1915年10月中旬的一天，她在女佣的帮助下，越窗逃离家庭，于24日乘船回到日本。次日上午，她与孙中山在日本著名律师和田瑞家举行婚礼，委托和田瑞到东京市政厅办理结婚登记，并由和田瑞主持签了婚姻《誓约书》。婚礼隆重而简朴，出席婚礼的有廖仲恺一家和其他中外友人。婚后，宋庆龄仍以夫人身份继续担任秘书工作，成了孙中山的亲密伴侣。孙中山也很体贴她，关心她，年龄上的巨大差距并没有影响他们的幸福生活。和孙中山结婚不久，宋庆龄在给自己同学安德逊的信中情不自禁地写道：我是幸福的，我想尽量帮助我的丈夫处理英文文件。对我来说，结婚就像进了学校一样，不过没有烦人的考试罢了。孙中山也掩藏不住自己幸福的心情，三年以后，即1918年10月，他在给自己的恩师康德黎的信中这样写道："我的妻子，是受过美国大学教育的女性；是我的最早合作者和朋友的女儿。我开始了一种新的生活，这是我过去从未享受过的真正家庭生活。我能与自己知心朋友和助手生活在一起，我是多么幸福！"

宋庆龄与孙中山的结合，是中国革命史上的一件大事，无论对孙中山还是宋庆龄都产生过重大影响。正是在宋庆龄的支持和陪伴下，孙中山度过了他人生中最后也是最光辉的十年。在这十年中，他反袁"护法"，三次在广东建立革命政权，改组国民党，联俄联共，实现第一次国共合作……在所有这些斗争和活动中，宋庆龄都陪伴在他身边，不仅精心地照顾他的生活，而且还帮他处理一些重要文件。正如林百克在《孙逸仙与中华民国》一书中所指出的那样："孙中山有了宋庆龄这样的革命事业上的杰出助手作终身伴侣，这使他有了新的活力和新的希望。这位新夫人，尽了她最大的努力，千方百计减轻丈夫的负担，实际上她一直担当着他的秘书的重任。"而作为宋庆龄的导师、战友、同志和丈夫，孙中山在政治上引导宋庆龄，关心宋庆龄，帮助她迅速成长并成熟起来。孙中山逝世后，宋庆龄继承孙中山的遗志，先是反对国民党蒋介石对孙中山革命事业的背叛，不参与国民党的一切活动；后又支持第二次国共合作，为抗日战争的最后胜利做出了巨大贡献；新中国成立后，她积极投身于社会主义革命和建设事业，与中国共产党风雨同舟，威武不屈，富贵不淫，贫贱不移，在争取世界和平和妇女儿童事业上取得了举世公认的重大成就，受到全中国人民和世界爱好和平事业人民的尊敬与爱戴。

就在孙中山与宋庆龄结婚的前后，已经当上了终身总统的袁世凯利令智昏地在日本等外国势力的支持下，开始上演一幕帝制复辟的闹剧。1915年8月，袁世凯指使其宪法顾问、美国人古德诺和法律顾问、日本人有贺长雄先后发表《共和与君主论》和《共和宪法持久策》两文，为其称帝制造舆论。与此同时，他又授意杨度、严复等人组成"筹安会"，以学术团体的名义进行复辟帝制的活动和鼓吹。12月12日，袁世凯从台后走到了台前，宣布继皇帝位，改中华民国为"中华帝国"，民国五年（1916年）为"洪宪元年"，并宣告元旦正式登基做皇帝。

1917年7月，孙中山与宋庆龄摄于广州大元帅府

袁世凯上演的帝制复辟闹剧一开场,就遭到孙中山的中华革命党和全国人民的坚决反对。1915年夏,他委派中华革命党的领导成员之一吕志伊由日本回到云南,秘密运动军队,策划武装反袁;9月1日,他又亲自领导中华革命党人在日本东京集会,声讨袁世凯的倒行逆施;同月18日,他又指示中华革命党党部发布通告,再次揭露袁世凯帝制自为的罪恶行径,并同时派人到南洋一带向爱国华侨募集讨袁经费。12月,他发表《讨袁宣言》,痛斥了袁世凯"背弃前盟,暴行帝制"的种种罪行,表示"誓死戮此民贼,以拯吾民",进一步揭露袁世凯破坏民国的种种罪行,号召全国人民彻底打倒袁世凯以及他所代表的势力,从而"不使危害国民如袁逆者,生息于国内"。

在全国人民反袁斗争的推动下,1915年12月25日,云南都督唐继尧以及蔡锷、李烈钧通电全国,宣布云南独立,并组织护国军,蔡锷、李烈钧和唐继尧分任护国军一、二、三军总司令,分兵三路,蔡锷一路出四川,李烈钧一路出两广,唐继尧一路出贵州,讨伐袁世凯,"护国战争"爆发。1916年元旦,也就是袁世凯正式登基做皇帝的那一天,云南军政府成立,唐继尧为都督。军政府发布讨袁檄文,宣布四条政见,即:"(一)与全国军民勠力维护共和国体,使帝制永不发生;(二)划定中央地方权限,图各省民力之自由发展;(三)建立名实相符之立宪政体,以适应世界大势;(四)以诚意巩固邦交,增进国际团体之资格。"这四条政见发布后,得到社会舆论的广泛同情支持。

云南的独立,孙中山以及中华革命党做了大量的工作。早先被孙中山派到云南秘密从事反袁发动组织工作的吕志伊,经过几个月的努力,在云南军政界中发展了不少人加入到中华革命党,这就为云南独立作了思想上、组织上和干部上的准备。同年12月,原江西都督李烈钧偕同熊克武、方声涛等革命党又奉孙中山之命,潜抵昆明,策动起兵讨袁。云南独立前夕,孙中山又派人与原云南都督蔡锷取得联系，动员他南下昆明领导反袁起义。

当然，以梁启超为首的进步党人在反对袁世凯称帝、推动云南独立方面所起的作用同样很重要。1915 年 8 月，梁启超写了一篇讨论国体问题的文章——《异哉所谓国体问题者》，以批驳古德诺、有贺长雄和"筹安会"的种种奇谈怪论。他开宗明义便写道："吾侪立宪党之政论家只问政体，不问国体。"所谓国体与政体，从政治学上讲，"国体者，国家之形体也；政体者，政府之形体也。前者为一国主权之所属，后者为主权运用之形式"。梁认为，"国体之为物，既非政论家之所当问，尤非政论家之所能问"，而"在现行国体基础之上而谋政象之改进，此即政治家唯一之天职也"。这是因为："国体本无绝对之美，而惟以已成之事实为其存在之根原，欲凭学理为主奴而施人为的，取舍于其间，宁非天下绝痴妄之事？仅痴妄犹未足为深病也，惟于国体，挟一爱憎之见，而人为的造成事实，以求与其爱憎相应，则祸害之中，与国家将无已时。"梁启超之所以反对变更国体，是因为在他看来，变更国体，一会带来革命和破坏，陷国家于祸害之中；二会造成君主专制，使立宪政治终成泡影。《异哉所谓国体问题者》草成后，袁世凯得知文章的内容，于是派人以 20 万巨款贿赂梁启超，令其勿发表此文。梁婉言辞谢，退回巨款，且将文章誊录一份寄给袁氏。贿赂不成，袁世凯又派人威胁梁说："君亡命已十余年，此种况味，亦既饱偿，何必更自苦？"梁却笑答："余诚老于亡命之经验家也，余宁乐此，不愿苟活于浊恶空气中也。"（梁启超：《国体战争躬历谈》）此后，梁又收到许多"意图加害"的匿名信件，而皆泰然处之，不为所动。8 月 20 日梁启超主编的《大中华》杂志首先发表了《异哉所谓国体问题者》一文。9 月 3 日，该文又在北京英文报纸《京报》的汉文版上刊出，继而京津各报争相转载，产生了巨大的社会反响。但袁世凯仍执迷不悟，一意孤行。梁启超见"规劝"无效，乃指示昔日湖南时务学堂的学生蔡锷，暗中作武装倒袁的准备。

12月上中旬，正当袁世凯复辟闹剧紧锣密鼓进行之时，在梁启超精心安排下，蔡锷秘密出京，取道日本、香港、河内，辗转来到昆明。蔡锷的到来，直接促成了云南的独立。辛亥革命后一直对立的革命党人和立宪派，为了反对袁世凯的帝制复辟再次联合起来，这是护国战争所以能取得胜利的一个很重要的原因。

1916年1月10日，护国军数千名官兵在昆明校场举行誓师大会。蔡锷率领全体官兵庄严宣誓："拥护共和，我辈之责，兴师起义，誓灭国贼。成败利钝，与同休戚，万苦千难，舍命不渝。凡我同人，坚持定力，有渝此盟，神明必殛。"宣誓完毕，在"打倒袁世凯""中华民国万岁"的口号声中，护国军浩浩荡荡开赴前线。由于得到了沿途人民的大力支持，护国军一路势如破竹，取得重大胜利。继云南宣布独立后，贵州、广西、广东、浙江、陕西等省也相继响应，宣布独立。5月8日，滇、黔、桂、粤四省护国军

1915年12月11日，袁世凯宣布"承受"帝位，改国号为"中华帝国"，以次年为"洪宪"元年。图为袁世凯（左三）称帝后在天坛祭天

军务院在广东肇庆成立，唐继尧为抚军长，岑春煊为副抚军长，梁启超为抚军兼政务委员长，蔡锷、李烈钧等为抚军。四省统一行动，"联军西南，声震全国"，推动了护国战争的迅速发展。到5月下旬，被视为袁世凯心腹爱将的四川陈宧和湖南汤芗铭，为了自保，也先后宣布脱离袁世凯。陈宧和汤芗铭都是袁世凯的忠实鹰犬。1915年2月，袁世凯派陈宧带领三个旅的北洋军进入四川，督署四川军务。据说，陈宧带兵入川前，向袁世凯辞行时，向袁世凯行古代皇帝登基时臣子行的三跪九叩大礼。袁世凯没有任何思想准备，因而惊问陈宧为何如此？陈宧答道：陛下的登基大典，臣恐怕不能亲自参加，故先行庆贺。袁世凯说，就是更改国体，我登基当皇帝，也不用跪拜礼了。陈宧听说后又跪下，按照喇嘛对活佛的最敬礼，吻了袁世凯的三次脚才退下。陈宧的忠诚，换来了袁世凯的恩宠。他到成都后，袁世凯又立即升他为成武将军，督直四川军务兼四川巡按使，把四川省的军政大权都交给了他。到如今这样忠心的奴才都背叛了自己，这对袁世凯的打击可想而知。当他收到陈宧发出的"自今日始，四川与袁氏个人断绝关系，袁氏在任一日，其以政府名义处分川事者，川省皆视为无效"的通电时，"半日未出一言"，气得浑身发抖，眼睛一黑，竟晕了过去。1916年6月6日，在全国人民的唾骂声中，众叛亲离的袁世凯感到大势已去，而一病不起身亡。护国战争取得了胜利。

孙中山参与领导的护国战争虽然挫败了袁世凯复辟帝制，但它并没有丝毫改变中国半殖民地半封建的社会性质。袁世凯死后，在外国列强的扶植下，北洋军分裂成许多派系，其中主要的有三大派，即：以安徽合肥人段祺瑞为首的皖系，在日本的支持下，控制着北京中央政权；以直隶（河北）河间人冯国璋为首的直系，在英美的支持下，占据着长江流域；以奉天（今辽宁）海城人张作霖为首的奉系，在日本的支持下，统治着东三省。在西南地区，一些参加护国战争的将领也蜕化成了新的军阀，势力较大的有滇系的唐继尧、桂系的陆荣廷。此处还有一些小一点的军阀，如占据徐州的辫帅张勋等。为争夺地盘，大小军阀之间战争不断，中华民国依然徒有其名。孙中山将继续为捍卫民主共和国而进行不屈不挠的斗争。

## 三、领导护法运动

袁世凯死后，黎元洪继任总统，段祺瑞出任国务总理。不久，得到美国支持的黎元洪和得到日本支持的段祺瑞为争权夺利，演成"府院之争"。1917 年春，围绕中国参加第一次世界大战、对德宣战问题，黎、段矛盾日趋激化。段祺瑞希望通过"参战"取得日本更多的支持，因而坚决主张对德宣战，但黎元洪则在美国的支持下，对"参战"持坚决反对的态度，并免除了段祺瑞的国务总理职务。段祺瑞在被免除国务总理职务后，企图依仗日本人的撑腰对黎元洪实行武力解决。黎为自救，则电请当时驻扎在徐州的辫帅张勋入京调解。张勋于是乘机率五千辫子军北上，以武力赶走黎元洪，解散国会，并于 7 月 1 日导演了一幕复辟丑剧，将清废帝溥仪捧上台。张勋自任首席内阁议政大臣、直隶总督并北洋大臣，独揽大权。另一位参与复辟阴谋的重要人物康有为则被授予弼德院副院和并太傅。一时间，群魔乱舞，辛亥革命后不知跑到哪里去了的一些王公亲贵、遗老遗少们纷纷来到北京，他们把早已被人们扯掉、扔进了垃圾堆里的大清龙旗又翻了出来，挂在路边的树枝上，他们头上没有了辫子，便跑到戏班子那里，花大价钱买了根假辫子盘在头上，相互叩头作揖，弹冠相庆，以为又变天了。

然而，复辟不得人心，复辟闹剧一上演便遭到了全国人民的一致反对。孙中山发表《讨逆宣言》，阐明"此次讨逆之战，匪特为民国争生存，且为民族反抗武力之奋斗"。其他各党派、团体和名人反对复辟的通电，"高可盈尺"，"全国民情，莫不反对复辟"。本来是张勋同谋的段祺瑞见张勋已替他赶走了黎元洪，解散了国会，其目的已经达到，于是摇身一变，从张勋的同谋变成了"再造共和"的"讨逆军总司令"。7月3日，他在天津近郊马厂组织"讨逆军"，宣布讨伐张勋。12日，"讨逆军"攻进北京，辫子军纷纷缴械投降，张勋逃进荷兰使馆避难，康有为也逃进美国使馆躲了起来，溥仪再次宣布退位。北京的大街小巷到处都是被扯掉的龙旗和辫子军逃命时剪下的辫子。仅12天，这幕复辟闹剧便草草收场了。

段祺瑞以"再造共和"之"元勋"的身份再次掌握北京实权，当了内阁总理。段祺瑞再次上台后，以辛亥革命以来的民国已被张勋复辟所埋葬为借口，毁弃《临时约法》，拒绝召开旧国会，企图用武力统一全国，建立专制独裁统治。

面对段祺瑞的倒行逆施，为了维护作为民国象征的《临时约法》和旧国会，孙中山发动并领导了一场护法运动。他认为，国会为民国中心，宪法是立国之本，《约法》与国会，是中华民国的命脉，命脉都没有了，民国又怎么能存在呢？如果听任军阀解散国会，废弃《约法》，不仅数十年革命事业的成绩会全被推翻，而且将来国家根本之宪法，亦无从制定，国本动摇，大乱不已，这是绝对不能允许的。为了筹建新的护法基地和政权，孙中山曾两次派胡汉民到广州、南宁等地联络反对段祺瑞的护法力量，多次同西南诸省军政首领商讨反段护法大计，并通过上海、天津等地报纸力邀国会两院议员"全体南下，自由集会，以存正气，以振国纪"。1917年7月6日，他偕同廖仲恺、朱执信、章太炎等人自上海乘军舰南下，17日到达广州的当晚，便在黄埔公园的欢迎会上发表演说，号召全国人民"同心协力"，与段祺瑞及其领导的北京政府进行斗争，恢复《临时约法》和旧国会，从而公开树起了护法大旗。

首先起来响应孙中山护法号召的是海军。早在1917年6月间，孙中山便多次与北京政府海军总长程璧光磋商，运动海军参加斗争，并为其筹措了30万元的军饷。张勋复辟发生后，孙中山的计划是用海军"谋取江、浙沿海地方为根据地，始谋上海，不果；继谋宁波，亦不果"。又亲赴舟山，"谋与镇宁使顾乃斌据舟山，……议不协"。张勋复辟发生后，他亦曾设想设护法基地于上海，并与唐绍仪、程璧光、章太炎等会商，议定迁"民国政府"至上海，请黎元洪南下继续行使总统职权，领导全国讨逆。但由于江苏督军冯国璋等人的反对，此议未能实现。7月21日，程璧光和海军第一舰队司令林葆泽发表联名通电，提出拥护约法、恢复国会、惩办祸首三项主张，宣布自约法失效之日起脱离北京政府，随即率海军的三艘巡洋舰、六艘炮舰、四艘辅助船，由上海吴淞口于8月5日抵达广州黄埔。当时占据两广的桂系军阀陆荣廷和称霸云南的滇系军阀唐继尧都想借孙中山的声望，以对抗段祺瑞的武力统一和乘机扩大自己的地盘，便也对孙中山领导的护法运动持支持的态度。于是广东成了护法运动的根据地。不少国会议员不满段祺瑞的毁法专权，也纷纷南下广州，参加孙中山领导的护法运动。

8月18日，孙中山在黄埔公园宴请先后到达广州的一百三十余名国会议员，商讨有关组织护法政府的问题。大家一致同意孙中山提出的尽快组织护法政府的主张，虽然已到广州的国会议员不足召开国会需要的法定人数，但可召开非常会议。同月25日，非常国会在广州召开，会议通过了《国会非常会议组织大纲》和《中华民国军政府组织大纲》。《中华民国军政府组织大纲》规定：组织军政府的目的"为戡定叛乱，恢复《临时约法》"，在"《临时约法》效力未完全恢复之前，中华民国行政权，由大元帅行使；大元帅对外代表中华国"。会议选举孙中山为中华民国军政府大元帅，唐继尧、陆荣廷为元帅。9月10日，军政府在广州河南士敏土厂（即水泥厂）成立，孙中山宣誓就职军政府大元帅。他在就职宣言中，表示要竭尽全力"攘除"段祺瑞民国叛逆，"恢复约法，以竟元年未尽之业，雪数岁无功之耻"。护法军政府的成立，标志着南北对峙的局面形成，护法运动正式开始。

护法军政府成立后，孙中山为实现恢复《临时约法》和国会的目的进行了不屈不挠的斗争。他向国内外不断发表通电文告，揭露段祺瑞破坏约法、毁弃国会的罪行。9 月间，他支持和推动粤、桂、湘三省组成联军，以广西督军谭浩明为总司令。10 月，联军挥师北伐，与北洋军在湖南的衡山、宝庆一带展开激战，双方互有胜负，不久即处于相持的胶着状态。

然而，护法运动正式开始不久，护法军内部就陷入了严重的政治危机。桂系军阀陆荣廷和滇系军阀唐继尧只是出于对抗段祺瑞的武力统一和扩充自己地盘的需要，才表示支持孙中山领导的护法运动。因此，自军政府成立之日起，他们就对军政府百般刁难。陆荣廷公开反对另立政府，主张"总统复职"，并通电全国声明："以后广东无论发生何种问题，概不负责"，不接受元帅职。唐继尧也通电拒绝接受元帅职务。在他们的指使和影响下，军政府任命的 6 个部的部长和参谋总长，除陆军总长张开儒外，其余与滇、桂军阀有关系的部长和总长都没有到广州就职，军政府实际上是一个空架子，只有孙中山一人在那里主持。不仅如此，陆荣廷和唐继尧还想方设法削弱孙中山的势力，不许他掌握军政府的实权，军政府的军政实权主要掌握在桂系手中。据曾任军政府参军的吴铁城后来回忆说，"那时候以广东来说，客军麕集，膨胀他们的部队，至少扩大他的编制和番号；没有地盘的觊觎地盘、抢地盘，有地盘的保守地盘、扩大地盘，至少是刮地盘之皮，而无所不用其极。豺狼一群，不听指挥"。为了组建一支受军政府直接管辖和指挥的军队，孙中山曾以军政府的名义建立"招抚局"，派专人到各处招募"绿林豪杰"和"退伍兵丁"。但由于陆荣廷等人的破坏，这支军队没有建立起来。孙中山要兵无兵、要钱无钱，其政治、军事、经济主张都无法实现。偏居广州一隅，"权日蹙，命令不能出府门"。陆荣廷等人还费尽心机要把孙中山赶走。1918 年 1 月，陆荣廷曾策划成立所谓"中华民国护法各省联合会"，以取代军政府。由于孙中山和其他方面的坚决反对，这一阴谋没能得逞。一计不成，又生一计，1918 年 4 月 10 日，陆荣廷伙同唐继尧通过收买部分国会议员，使非常国会第十七次会议通过了改组军政府的《中华民国军政府组织大纲修正案》，决定取消大元帅一长制，实行七总裁合议制。孙中山的权力被进一步剥夺。

没有一兵一卒的孙中山本来打算借助西南军阀的武力，来进行革命斗争，捍卫民主共和，他也为换取西南军阀的支持，曾委曲求全，对他们一让再让，他曾多次派专使分赴云南和广西劝驾，希望唐继尧和陆荣廷尽快到广州任元帅职，并加派唐继尧为川、滇、黔三省靖国军总司令，也多次发函致电请求他们以国事为重，支持军政府，但结果不仅没有得到唐继尧和陆荣廷的支持，相反还一再遭到他们的排斥和打击。改组军政府的《中华民国军政府组织大纲修正案》通过后，孙中山表示坚决反对。他在次日会见全体国会议员时，义正词严地谴责了改组军政府的做法，他表示：他根本反对改组军政府，亦决不会就任改组后的七总裁之一。过两天后，孙中山在接见非常国会非常会议代表时再次声明，他反对对军政府的改组。但军阀和政客门根本不听他的意见，为了逼孙中山下台，陆荣廷、唐继尧等人还唆使手下将领通电反对孙中山，逮捕支持孙中山的陆军总长张开儒，并不经审讯即以莫须有的罪名枪杀了坚决拥护军政府的滇军将领崔文藻，他们甚至策划对孙中山实行兵谏。血淋淋的事实使孙中山终于认识到："吾国之大患，莫大于武人之争雄，南与北如一丘之貉。故虽称护法之省，亦莫肯俯首于法律及民意之下。" 5 月 4 日，他向国会提出大元帅辞呈。20 日，非常国会改组军政府，先举唐绍仪、唐继尧、孙中山、伍廷芳、林葆泽、陆荣廷、岑春煊为总裁。孙中山虽名列七总裁之一，但毫无实权，根本无法实现自己的主张。第二天，他愤而与朱执信等人离粤赴沪，以示与西南军阀的决裂。孙中山领导的第一次护法运动至此失败。

孙中山回到上海，住莫利爱路 27 号（今香山路 7 号，为上海孙中山宋庆龄故居和陵园管理委员会办公室）。在此后的一年时间里，他深居简出，发愤著书，反思"二次革命""护国战争""护法运动"等历次斗争失败的教训，继续从理论上探索救国救民的道路，先后完成了《孙文学说》和《实业计划》两书的写作，连同他1917年写成的《民权初步》，合为《建国方略》。《建国方略》和他的三民主义一样，是孙中山留给我们的重要的思想遗产。

## 第九章

# 《建国方略》

心理建设（《孙文学说》）

物质建设（《实业计划》）

社会建设（《民权初步》）

# 一、心理建设（《孙文学说》）

《建国方略》共分三部分，其中之一是"心理建设"。心理建设系孙中山 1918—1919 年在上海闭门著述时所写的《孙文学说》（《又称知难行易得学说》）。《孙文学说》是孙中山最重要的哲学代表作，连同他后来的《军人精神教育》《民权主义》等著作和讲演，比较集中地反映了孙中山的哲学思想。概而言之，孙中山的哲学思想包括以下几个方面的内容。

第一，物质进化的自然观。孙中山认为世界的本质是物质，而不是精神；生物、人类是物质进化的产物，不是神的创造。他把世界进化分为三个时期，"其一为物质进化之时期，其二为物种进化之时期，其三则为人类进化之时期"。所谓"物质进化"时期，简单说，就是客观世界由物质性的"太极"（它相当于西方自然科学家所说的物质"以太"）经过不断的运动和变化发展成为地球及所属的太阳系等各种天体。所谓"物种进化"时期，概括地说，就是地球形成之后，无机物质经过漫长的演化过程，产生了有机物——"生元"（细胞）。由"生元"的运动进而演化为植物动物，直至人类出现。在这一漫长的过程中，物种是本着"物竞天择"的原则，"由微而显，由简而繁"进化的。所谓"人类进化"时期，亦即人类社会的发展，就是说人出现后，人类社会也是不断进步和发展的，不会停留在一个水平上，现今以往的人类历史，经历过由洪荒时代到神权时代再到君权时代，最后到现今的民权时代这样四个发展阶段。孙中山在依据近代自然科学理论，特别是进化论、星云说、细胞说等科学知识，阐述生物、人类是物质进化过程中的同时，还论证了物质与精神的关系，明确承认精神是物质进化到一定阶段的产物，精神作为"物质之对"，是人所特有的，从而进一步表明他关于世界本原的认识是唯物主义的。

第二，知难行易的认识论。孙中山在认识论上主要探讨了知行关系问题，提出了"知难行易"说。"知难行易"说是孙中山为了革命的需要，一反传统的"知易行难"说提出来的。"知易行难"最早出自《左传·昭公十年》的"非知之实难，将在行之"；《尚书·说命中》也有"非知之艰，行之惟艰"的命题。就是说，知道一件事并不难，真正做起来是很难的。这样的思想，又称之为"知易行难"说。但在孙中山看来，这种"知易行难"说不仅阻碍了数千年来中国社会的进步，并使近代中国社会的改革受到影响而且还妨碍了革命，是革命党人思想上的大敌。因为"知易"的说法，使人轻视革命理论的作用，进而对革命理想信仰不笃；"行难"的说法，则使人害怕革命实践，不能在困难面前坚持斗争。中国革命之所以多次失败，就是因为革命党人思想受了"知易行难"说的毒害而造成的。故此，为了肃清"知易行难"说的流毒，鼓舞革命党人抗争的勇气，他提出了"知难行易"说。他指出：人类对许多事情很早以前就会做，但一直不知其中的道理，不能给以理论的说明，只是经过百十年或千百年的"行"后，才逐渐明白个中的道理。并能提出相应的理论、学说。他还以饮食、用钱、作文、建屋、造船、筑城、开河、电学、化学及进化等大量的事例，证明人们的实践具有广泛的可能性，不是"知易行难"，也不是"知先行后"或"知行合一"，而是"知难行易""行先知后"。并再三强调：知同行相比，知是困难的，行容易得多，因此要先行而后知。由此出发，他认为"知之非艰，行之惟艰"之古说，与王阳明"知行合一"之格言，皆可从根本上而推翻之矣。总之，孙中山"知难行易"说的实质，就是要破"行难"，但"行易"，即强调革命，注重革命实践（行），从而"以此为救中国必由之道也"。

从"知难行易"这一认识论的前提出发，孙中山根据"各人天赋的聪明才力"，把人分成为三种：第一种人叫先知先觉，这种人聪明绝顶，凡见一件事，便能够想出许多道理，听一句话，便能够做出许多事业……由于有这种先知先觉的人……世界才有进步，人类才有文明……第二种人叫后知后觉，这种人……自己不能够创造发明，只能够跟随模仿。……第三种人叫不知不觉，这种人的聪明才力是更次的，凡事虽有人指教他，他不能知，只能去行。在他看来，"先知先觉"虽是极少数，但却是"发明家""创造家"；"不知不觉"的人虽占绝大多数，然而他们只能"竭力乐成"。所以创立革命理论、制定方针政策那是极少数"先知先觉"者的事，对于占人口绝大多数的"不知不觉"者来说，他们只要在"先知先觉"者的指导下努力实行，"竭力乐成"就是了。他并且相信只要"先知先觉""后知后觉"和"不知不觉"这三种人"相需为用，则大禹之九河可疏，秦皇之长城能筑"，革命一定能取得成功。

第三，社会历史观——民生史观。孙中山认为"进化"是人类社会的基本规律。他从人类认识水平的不同，将人类分为"不知而行"的草昧时期、"行为后知"的文明时期和"知而后行"的科学时期。后来，他在阐述民权主义时，又以"社会国家"为标准将人类历史分为四个时期，即"人同兽争"的洪荒时代、"人同天争"的神权时代、"人同人争"的君权时代和"人同君主相争"的民权时代。又说人同兽争，是用气力；人同天争，讲神权上帝；人同人争，讲君权；人同君主争，讲民权。他在讲到民生主义时，又从人类社会发展水平着眼，将人类社会历史分成太古吃果时代、渔猎时代、游牧时代、农业时代、工商时代等相继进化的五个时期。尽管他关于历史分期的说法有种种不同，但都把人类社会看成是由低级阶段向高级阶段不断进化的过程。这证明，孙中山的历史观是一种进化历史观，而他提出这种进化历史观的目的，犹如他提出"知难行易"说也是为其革命提供理论的、历史的依据。所以他一再强调，在人类社会进化的过程中，任何朝代都有其产生、发展到死亡的过程，清王朝也是一样，其灭亡不可避免，将被民主共和国所取代。

人类社会是不断进化的，那推动这种进化的原因或动力又是什么呢？这是孙中山一系列著作努力探求的主要课题。在他看来，"历史的重心是民心"，"民生是社会一切活动中的原动力"，"民生为社会进化的重心"。他认为，决定社会历史面貌及其进程的根本要素，归根结底，是人们的生存问题、求生存问题。用他的话来说："社会进化的定律，是人类求生存，才是社会进化的原因。"正是以这一观念为核心，形成了他的社会历史观——民生史观。孙中山的民生史观虽然显示了他对于社会生活问题的重视和关心，也表明他在一定程度上已摆脱曾在西方广泛流行的唯心主义社会学和历史哲学的影响，这是它的进步和值得肯定的地方，但就其性质而言它是一种唯心史观。因为：首先，它撇开了人的社会性、撇开了具体的特定社会内容去理解社会——民生问题，因而，这种社会——民生问题就成了架空于具体的社会经济形态之上的，不能反映具体客观实际的抽象概念。其次，它把人类要求吃饭、穿衣的生活需要，还原于一般的、抽象的求生存的意志，并把求生存的意志作为决定社会发展的根本动力。他的"历史重心论"反映了意志决定论的观念。


## 二、物质建设（《实业计划》）

《建国方略》之二是"物质建设"。这是孙中山 1918—1919 年在上海闭门著述时所写的《实业计划》，阐述了开发中国实业的途径、原则和计划，比较集中地反映了孙中山的经济建设思想。

孙中山首先强调了中国发展实业、进行大规模的经济建设的重要性。他指出，中国要改变落后挨打的局面，在世界民族之林中占有一席之地，就必须大力开发富源，发展实业，进入"工业革命"，他并把这个问题视为"此后中国存亡之关键"。书中提出了十大建设计划，即：（一）交通之开发；（二）商港之开发；（三）建设全国铁路系统和新式街市；（四）水利之发展；（五）设立制铁、制钢、造士敏土三大工厂；（六）矿业之发展；（七）农业之发展；（八）蒙古、新疆之灌溉；（九）于中国北部及中部建造森林；（十）移民于东北、蒙古、新疆、青海、西藏。

接着，孙中山就十大建设计划的前六大计划进行了详细规划。关于第一计划：首先建设北方大港，他主张北方大港建设在直隶湾秦皇岛与葫芦岛之间，大沽口与秦皇岛两地之中途，青河与滦河两口之间，因为这里水深不冰，可建设一个如纽约港那样的大港。同时建设西北铁路系统，与此大港连成一片。再浚运河，以联络中国北部中部通渠及北方大港，开发直隶、山西煤矿铁矿，设立冶铁制钢工厂，移民蒙古和新疆。

第二计划：首先建设东方大港。他主张将东方大港建立在上海港之外，以上海港作为东方大港的辅助港。东方大港的最佳位置在杭州湾乍浦岬与澉浦岬之间。此两岬相距约十五英里，应建一海堤，而于乍浦一端，离山数百尺之处，开一缺口，以为港之正门。为了和已成东方之商港的上海港相区别，此港可称为计划港。其次为解决扬子江口的泥沙问题，以便充分发挥上海港作为东方商港的重要作用，他建议分六节整治扬子江，即：（一）由海上深水浅起，至黄浦江合流点；（二）由黄浦江合流点至江阴；（三）由江阴至芜湖；（四）由芜湖至东流；（五）由东流至武穴；（六）由武穴至汉口。第三是在镇江及其北岸、南京及浦口、芜湖、安庆及南岸、鄱阳港和武汉等地建设内河商埠。第四是改良北运河、淮河、江南水路系统、鄱阳水路系统、汉水、洞庭湖系统和扬子江上游等现存水路及运河。第五是创建大士敏土厂，以及港口、码头、水利建设等配套工程。

第三计划：主张改良广州为一世界港。广州港面水界应至第一闸洲为止，由此处起，港面应循甘布列治水道（乌涌与大吉沙之间），经长洲、黄埔两岛之间，以入亚美利根水道。与此同时，改良广州水路系统，重点整治广州河汊、西江、北江和东江，并修筑（甲）广州—重庆线，经由湖南；（乙）广州—重庆线，经由湖南、贵州；（丙）广州—成都线，经由贵州、泸州；（丁）广州—成都线，经由梧州、叙府；（戊）广州—云南、大理、腾跃线，至缅甸边界为止；（己）广州—思茅线；（庚）广州—钦州线，至安南界东兴为止七条铁路，建立西南铁路系统。另外，在沿海建设商埠及渔业港，设立造船厂。

第四计划：专讲铁路建设，分中央铁路系统、东南铁路系统、东北铁路系统、西北铁路系统和高原铁路系统，加上第三计划中的西南铁路系统，使全国各地均脉络贯通，四通八达，连为一体，以保证各地地尽其力，货畅其流。为配合铁路建设，满足因铁路的扩张对机车的大量需要，他主张兴办大型的机车客车货车制造厂。

第五计划：专讲兴办各种工业。根据"生活之物质原件"的需要，分粮食工业、衣服工业、居室工业、行动工业和印刷工业。每一大项中又分若干小项，如粮食工业，内分食物生产、食物制造与保存，食物分配与输出四小项，衣服工业，内分丝工业、麻工业、棉工业、毛工业、皮工业和制衣机器工业六小项。前四项内容与人民的物质生活休戚相关，后一项主要"以知识供给人民"。

第六计划：专讲矿业建设，分铁矿、煤矿、油矿、铜矿、特种矿之开采、矿业机器之制造和冶矿机厂之设立七个方面，务必使各种资源能"物尽其用"，以为人民生活和工业建设服务。

孙中山提出的事业计划，规模宏大，设计详细，论证充分，在中国近代经济史上可谓空前绝后。比如，在交通方面，根据计划，仅铁路就要修筑十万英里，公路（碎石路）一百万英里。这里尤须指出，孙中山不仅提出了一份规模宏大的事业计划，而且还探讨了实现这些计划的途径、原则和方法。他认为："中国实业之开发，应分两路进行：（一）个人企业；（二）国家经营是也。凡夫事物之可以委诸个人，或其较国家经营为适宜者，应任个人为主，由国家奖励，而以法律保护之。……至其不能委诸个人及有独占性质者，应有国家经营之。"而其发展的原则是：（一）必选最有利之途，以吸外资；（二）必应国民之所最需要；（三）必期抵抗之至少；（四）必择地位之适宜。根据当时中国资金人才都十分匮乏的实际情况，他主张大力吸收外资，引进人才，"凡诸工业国，其资本有余者，中国能尽数吸收之"。但在吸收外资引进人才的同时，一定要避免主权操于外人之手，因为，"发展之权，操之在我则存，操之在人则亡"。此外，孙中山还提出化兵为工的意见，主张将裁撤的士兵，"以为筑港建路及开发长城以外沿线地方之先驱者"。

《实业计划》是一个以国家工业化为中心，使国家国民经济迅速实现现代化的大规模建设规划，包含着孙中山关于经济建设的一系列理论观点、方针政策和步骤方法，其目的是要把贫穷落后的中国改造成一个现代化强国。尽管由于历史的原因，孙中山生前没有将他的这一计划付诸实践，但他于计划中所提出的一些方法与原则对于我们今天进行现代化建设，仍有可借鉴的历史意义。

## 三、社会建设（《民权初步》）

《建国方略》之三为"社会建设"，系1917年夏孙中山在上海所写的《民权初步》。此书最早名称叫《会议通则》，是一本有关集会议事的一些具体规则和程序设计的著作，全书分为五卷二十章，首冠"自序"，后附"结语"及"章程并规则之模范"。

从严格意义上说，此书并不是孙中山的理论创作，而是他根据中国革命实际需要，参照西方同类著作编译成的。关于编译此书的目的，孙中山在该书的"自序"中指出，数千年来，由于专制主义统治，中国人民的集会自由、出版自由、思想自由等自由均被削夺殆尽，人民没有任何权利可言，因而造成了中国四万万人民犹如一盘散沙的状态。1912 年后虽然建立了民国，但由于国体被变，民权未张，人民仍然未能享受各项自由。也正因此，才出现了袁世凯的帝制复辟。所以"今后国民安危如何，则全视民权之发达如何耳"。而欲发达民权，必从团结人心、纠合群力始。而欲团结人心、纠合群力，又非从集会不为功。"是集会者，实民权发达之一步。"集会虽然对于发达民权如此重要，然而中国人民长期以来"受集会之厉禁"，合群之天性尽失，根本不知道什么集会之原则，集合之条理，集合之习惯，集会之经验。"以一盘散沙之民众，忽而登彼于民国主人之位，宜乎其手足无措，不知所从，所谓集会，则乌合而已。"因此，就必须对他们进行有关这方面的常识教育，这就好像小孩学走路，必有保姆教之一样，今国民学民权，亦必有人教之。"《民权初步》一书之所由作而以教国民行民权之第一步也。"他相信，假如此第一步能行，行之能稳，并逐步前进，那么"民权之发达，必有登峰造极之一日"。

该书的第一卷《结会》共四章，详细介绍了什么叫集会，集会的两种方式（即临时集会和常设的会社组织），以及如何通知开会，如何选择会议主席或会长以及书记（记录），如何设立章程、设计会议程序、会长和会员的权利义务、特殊集会的处置办法等规则。第二卷《动议》共六章，主要介绍了如何在会上提出动议，如何主持会议讨论，如何表决以及各种特殊情况的处理等规则。第三卷《修正案》共三章，主要介绍了如何对别人所提出的动议进行补充和修正，从而提出修正案的方法、种类及处理规则。第四卷《动议之顺序》共六章，主要介绍如何处置动议的顺序规则。

动议分独立动议、附属动议两种。附属动议对独立动议的处置序列为七种，必须依次而选择，付诸讨论表决。并介绍了附属动议中付委议时，委员应遵守的规则。第五卷《权宜及秩序问题》共两章，主要介绍会议进行过程中，发生意外突然情况时的处理规则。

通观《民权初步》一书虽然都是一些具体、繁琐、刻板的规则和程序设计，但是它体现了当时西方集会结社、民主参政的一些基本精神和平等原则，体现了当时西方社会文明的程度和秩序，这对于长期"受集合之厉禁"，不知民权为何物的中国人民来说具有民主启蒙的积极意义。

# 首次国共合作

## 一、二次护法失败

孙中山因受西南军阀的排挤，回到上海后，除以主要精力著书立说、继续从理论上探索救国救民的道路外，同时也关注时局的发展，继续领导革命党人从事反对南北军阀、捍卫民主共和的斗争。他回到上海不久，即写信给邓铿、许崇智等拥护他护法主张的军界将领，要他们加紧训练军队，准备继续战斗。1919年2月20日至5月13日，南北军阀的分赃会议，即所谓南北"和平会议"在上海举行，孙中山对这次会议的性质进行了力所能及的揭露和斗争。"五四运动"爆发后，他明确表示支持学生爱国运动，并打电报给北京段祺瑞政府，要求无条件释放全部被捕学生。他还多次邀请学生代表到自己的寓所谈话，赞扬他们的爱国热情，鼓励他们继续奋斗，并语重心长地对他们说："中国的希望就寄托在你们这般青年人的身上。"为了展开政治思想的宣传工作，支持方兴未艾的新文化运动，除原来创办的《民国日报》外，他命戴季陶、沈玄庐、朱执信、廖仲恺等人又先后创办了《星期评论》和《建设》杂志，尤其是《星期评论》，创办于三罢斗争方兴未艾之时，对于推动斗争的深入发展，起了十分巨大的作用。而《建设》杂志在传播马克思主义特别是唯物史观方面影响很大。罗家伦在《五四的真精神》一文中写道：孙中山"对时代的适应和把握到底比别人高明而有魄力。所以新文化运动一发动，他就在上海创办《建设》杂志，以积极的方案相号召，而令干部同志办《星期评论》，完全用语体文，俾与北大几个有力量的刊物相呼应"。

1919年10月10日，他经过慎重考虑，将中华革命党正式改组为中国国民党（加"中国"二字，与民初国民党相区别）。实际上，早在第一次护法运动失败之后他到达上海之初，为了把革命力量从海外转移到国内，他便开始了改组中华革命党的工作。1918 年 8 月 30 日，他在《通告海外革命党人书》中说："归沪而后，益感救亡之策，必先事吾党扩展，故亟重订党章，以促党务之发达。"而要实现"吾党扩展"之目的，就必须对中华革命党进行改组。因为如前所述，由于中华革命党《总章》按入党先后，分党员为"首义""协助"和"普通"三种，各有不同的政治权利，并要求入党人按指印、立誓约、以表示绝对服从党魁的做法，严重违背了民主原则，因而遭到一些老资格的革命党人如黄兴、李烈钧、谭人凤以及广大革命党人的反对，他们拒绝参加中华革命党，这严重影响了中华革命党的势力。实际上，第一次护法运动失败后，中华革命党在国内的力量已非常弱小。不对中华革命党进行改组，要进行新的维护民主共和的斗争并取得斗争的胜利是不可能的。

将中华革命党正式改组为中国国民党的《中国国民党规约》规定："从前所有中华革命党总章及各支部通则，一律废止。所有印章、图记，一律按本规约所定，改用中国国民党名义，以昭统一，而便进行。"《规约》第一章《总纲》还规定，"本党以巩固共和，实行三民主义为宗旨"。实行"民族、民权、民生"的三民主义，是中国同盟会的革命纲领，孙中山曾领导革命党人与以梁启超为代表的改良派围绕三民主义展开过激烈论战，并战胜了他们。但到了辛亥革命后，孙中山认为对广大汉族和其他少数民族实行民族歧视和民族压迫的清王朝已经推翻，民族主义已经实现，革命党今后的任务，主要是实现民权主义和民生主义。因此，无论是 1912 年的《国民党规约》，还是 1915 年的《中华革命党总章》，均未再提民族主义。孙中山最伟大之处，就是能与时俱进，他的思想能随着时代潮流的发展而不断前进。辛亥革命后东西方列强在中国军阀中寻找和支持各自的代理人和干预中国内政、掠夺中国权益的事实，尤其是俄国十月革命的胜利和五四爱国运动的爆发，使他初步认识到辛亥革命只是推翻了清王朝，而没有推翻帝国主义势力，帝国主义对中国的侵略和掠夺依然存在，民族主义的任务并没有完成。用他的话说："当初同盟会还只明白民族主义，拼命去做；……其实民族主义也没有做完。"之所以在辛亥革命后不再提民族主义，是因为认识上出现了偏差："有人说：'清室推翻以后，民族主义可以不要。'这话实在错了。即如我们所住的租界，外国人就要把治外法权来压制中国人，这还是前清造成的恶因。现在清室虽不能压制我们，但各国还是要压制的，所以我们还要积极的抵制。"孙中山认识上的这一进步，具有非常重要的意义。

中华革命党改组为中国国民党后，孙中山领导中国国民党又投入到了维护民主共和的斗争中。当时把持广东军政府的桂系军阀与滇系军阀的矛盾日益激化。孙中山决定利用这一有利时机，联滇讨桂，将桂系势力赶出广东，重建广东这块革命根据地，再次发起"护法"运动。这一次，孙中山把胜利的希望寄托在了自己亲手培养起来的驻闽粤军上。

第一次护法运动期间，在滇系尤其是桂系军阀的威逼下，孙中山逐步认识到了一个真理：有军才有权。因此他很想建立一支真正归自己掌握和指挥的军队，作为护法军政府的支柱。而这时正好受桂系军阀排挤的广东省长朱庆澜向胡汉民建议，如果孙中山想建立自己的武装，他可以将广东省警卫军二十营共 8000 人部队拨给军政府，由孙中山改编为护法军。但此事他不能做主，必须取得桂系首领陆荣廷和广东督军陈炳焜的同意，同时也要向广东省议会疏通。胡汉民把此事向孙中山作了汇报，孙中山听了非常高兴，立即指示胡汉民、朱执信等去分头活动，一定要把此事办妥。陆荣廷当然不愿把二十营警卫军交给孙中山，经过长达三四个月的交涉，最后才在社会舆论的强大压力下，于 1917 年 12 月勉强同意把二十营警卫军交了出去，但同时他提出条件，这二十营警卫军不能留在广州，以免危及自己的统治。孙中山得到这二十营八千警卫军，如获至宝，立即任命自己的亲信之一陈炯明为总司令，并派许崇智、邓铿等主要军事干部参与领导，率部进驻福建，伺机发展。到孙中山发动第二次护法运动时，驻闽粤军已从开始时的八千人，发展到两万多人，由二十营扩展为两个军，陈炯明为总司令兼第一军军长，许崇智为第二军军长，邓铿为总司令部参谋长，并建立起了以漳州为中心包括20多个县在内的"闽南护法区"。

第二次护法运动开始后，孙中山即命令统驻闽粤军回师广州，讨伐桂系。1920年6月29日，孙中山派朱执信、廖仲恺到漳州督促陈炯明出兵。8月12日，驻闽粤军在漳州公园举行返粤誓师大会，16日粤桂战争正式开始。由于沿途军民的支持，加上又得到滇军、民军的配合，粤军一路势如破竹，同年10月29日克复广州。11月10日，孙中山任命陈炯明为广东省长兼粤军总司令，废除广东督军一职。在这次讨桂战争中，孙中山的亲密战友朱执信不幸壮烈牺牲。同月28日，孙中山乘船自上海抵达广州，翌日，即重组军政府，宣布继续执行护法职务，并举行第一次政务会议，选定各部部长：孙中山兼内务部长，唐绍仪兼财政部长，伍廷芳兼外交部长，唐继尧兼交通部长，陈炯明兼陆军部长，李烈钧为参谋部长，汤廷光为海军部长，徐廉为司法部长，马君武为秘书长。随后，拥护孙中山的部分国会议员也陆续到达广州，准备重新召开国会非常会议。

经历过第一次护法运动的失败，孙中山开始认识到具有临时性质的军政府，不能"平定西南，巩固民国基础"，要达此目的，"必须建立正式政府"。因此，在他的提议下，1921年4月7日，非常国会通过了《中华民国政府组织大纲》，并选举孙中山为非常大总统。接着撤销军政府。5月5日，孙中山正式就职。他在就职宣言中向全国人民郑重表示，要"竭志尽诚，以救民国，破除障碍，促成统一，巩固共和基础"，并希望"全国人才，各尽所能，协办合作，共谋国家文化之进步"。孙中山就任非常大总统当天，发表《对外宣言》指出，1913年的国会所组织的民国政府，曾得到世界各国的承认，广州政府也是经由 1913 年国会的议员选出，因此世界各国应援此先例，承认广州政府为中华民国唯一之合法政府。《宣言》并明确表示：广州政府对外"抱开放门户主义，欢迎外国之资本及技术"。

孙中山就任非常大总统后，颁布、推行了一系列改革吏治和保障人民权利的法令和措施，废除袁世凯时期遗留下来的镇压人民的法令条例，承认劳动者有集会结社、同盟罢工等多种民主权利。和民初任临时大总统一样，他廉洁奉公，不徇私情，经常告诫党内同志："天下者，天下人之天下，非一二人所独占。……倘若为私，则人心不服。"他是这样说的，也是这样做的。孙中山的外甥程炳坤听说他任了非常大总统，便从海外来到广州，想在军政府中谋个一官半职，但孙中山就是不同意。程炳坤是裁缝出身，孙中山便要自己的副官马湘帮助他在广州开了一家裁缝店，好让他能养家糊口。孙中山的老家翠亨村要办学校，经费上有些困难，乡亲们便派代表到广州面见孙中山，要求他批条拨款建设校舍，以解燃眉之急，但孙中山没有答应家乡代表的这个要求。他对代表说：干什么事都要依靠大家，过去推翻清政府，靠的是大家，现在建学校，发展教育，还是要靠大家，不能两眼只盯政府。钱没有，那我就给学生题几个字吧！怀着对后辈的期望和鼓励，他题了"后来居上"几个字，让代表带了回去。

为了贯彻其护法主张，孙中山决定先肃清桂系残余势力，统一两广，然后挥师北伐，实现全国的统一。1921 年 6 月，他命令粤、赣、滇、黔各军联合讨伐桂系，并任命陈炯明为"援桂"总司令，分兵三路向广西进军。由于将士用兵，百姓支持，讨伐军只用了三个月时间就占领了广西首府南宁和桂军的最后据点龙州，陆荣廷逃往越南河内，广西平定，两广实现了统一。同年 10 月，非常国会通过孙中山提出的出师北伐案。12 月，他在广西桂林设立北伐大本营，指派廖仲恺负责筹划财务，邓铿负责组织警卫部队，程潜负责制订军事计划和各省的联络接洽工作，计划取道湖南，出师北伐。1922 年 1 月，北伐军共四万余人组成 7 个军团，待命出发。2 月 3 日，孙中山以大元帅名义颁发北伐动员令。4 月，根据形势的变化，他又改设北伐大本营于广东韶关，不久任命李烈钧为北伐总司令，许崇智为总指挥并发布总攻击令。北伐军随即兵分三路，向江西北洋军发动攻击，6 月 13 日，攻克江西南部重镇赣州，接着又乘胜追击占领吉安，大有直下省会南昌之势。然而就在北伐军捷报频传之时，广州却发生了陈炯明的叛乱。

陈炯明曾长期追随孙中山，深得孙中山栽培和重用，武昌起义后曾先后担任广东副都督和代都督。1917 年底孙中山得到广东二十营警卫军后，又任命他为驻闽粤军总司令，率军进驻福建。但随着权势的增长，陈炯明与孙中山愈来愈离心离德，尤其是对孙中山的北伐主张持消极甚至反对的态度，因为他认为，无论北伐成功与否，都将威胁自己在广东的地位。为了达到破坏北伐的目的，陈炯明先是与北洋军暗中勾结，达成所谓停战协议。1922 年 3 月，他派人在广州的广九车站上刺杀了坚决拥护孙中山北伐的粤军第一师师长邓铿。不久，他又派人囚禁了坚决支持孙中山的革命事业、时任非常政府次长并负责筹集北伐军饷的廖仲恺。刺杀邓铿是要除掉支持孙中山的军事将领，囚禁廖仲恺是想勒住孙中山的钱袋子（因为廖管钱）。当这些都没能动摇孙中山北伐的决心，而且北伐军在江西取得了一系列重大胜利时，陈炯明决定孤注一掷，对孙中山下毒手。

明知山有虎，偏向虎山行。6 月 11 日，孙中山从韶关大本营回到广州以期用自己的真诚和威信来感化陈炯明，镇住陈炯明，化险为夷。但陈炯明不仅不思悔改，相反认为孙中山回到广州，是自投罗网，给他提供了除去孙中山的大好机会，于是加紧了围攻总统府、谋害孙中山的布置。从 14 日起，孙中山便连续不断地接到报告，说陈炯明要谋反，加害于他，请他赶快离开广州，以避危险。但孙中山临危不惧，他对身边的人说："无论如何，我不离开，我只知为国家为民族，从来不为个人谋利禄，是人所共知的，陈炯明何至要谋反？"不管身边人如何苦劝，孙中山就是不听。16日凌晨，陈炯明布置好一切后，便指使两万多粤军猛攻总统府和孙中山寓所粤秀楼，并在全城遍布岗哨，断绝交通，盘查过往行人，欲置孙中山于死地。幸亏孙中山在叛军发动总进攻前夕，被卫兵强行挽扶着离开了粤秀楼，并巧妙地穿过叛军的重重包围，撤退到停泊在长堤天字字码头附近的楚豫舰上避难。据孙中山卫兵们回忆，孙中山的脱险过程如下。

16日凌晨1点，粤秀楼上已经听到远处有陈炯明叛军的集合号音，不久连部队的嘈杂声都听得到了。这说明陈炯明已经开始了行动。见情况紧急，孙中山的卫兵林树巍、林直勉和陆志云叫醒孙中山，力劝他赶紧撤离粤秀楼。但孙中山却说："竞存（陈炯明字——引者）胆敢作乱，我便要负平乱之责。如力不够，惟有一死，以谢我四万万同胞。"林直勉等人见事急，知道再劝说也无用，便不由分说，强行挽扶着孙中山离开了粤秀楼。他们离开粤秀楼后，由小路到达德宣路，这时看见许多陈炯明的部队在向总统府发起进攻。当走到惠爱路、正要横过马路入桂香街时，被陈军的哨兵拦住，不许通过。林直勉指着孙中山说："我母亲生病，请这位医生去看看。"但他们仍不许通过。林直勉又说："我家就住在离这不远的高第街，不信，你们一起到我们家看看。"哨兵见孙中山穿着一件白大褂，又戴副墨晶眼镜，很像个医生，便让他们通过了。走到靖海路，又遇到陈兵盘查，孙中山非常从容镇定，没有引起叛军的怀疑，便又安然地通过了。此后他们一行人便沿着长堤撤退到天字字码头附近的楚豫舰上。（见《孙中山的历程》下，第328页）

孙中山夫人宋庆龄也于叛军攻占总统府前一分钟，在卫士马湘等人的护卫下安全脱险，其脱险过程同样惊心动魄。

孙中山被卫兵强行挽扶着离开粤秀楼前，曾要夫人宋庆龄与他一起走。

但宋庆龄坚决不同意，说那样目标太大，她要留下来迷惑叛军，掩护孙中山安全撤离。她对孙中山说："中国可以没有我，但不能没有你，你赶快走，不要管我。"孙中山见夫人态度坚决，便命令自己的副官马湘留下，负责保护夫人宋庆龄的安全。孙中山等人刚离开粤秀楼，陈炯明的叛军就向粤秀楼发起了总攻。在陈炯明叛军攻入粤秀楼的前一分钟，马湘和另一卫兵黄惠龙保护宋庆龄撤退到总统府。随即陈炯明的叛军又向总统府发起了猛攻。马湘、黄惠龙知道总统府是守不住的，便在叛军从后门攻入总统府之前，用身体掩护着宋庆龄从总统府前门冲了出去。他们刚冲出总统府，就被埋伏在附近的叛军发现了，叛军蜂拥而上，要捉拿他们。马湘急中生智，掏出身上带的面额为二角的银币50元向叛军扔去。叛军见状纷纷去捡钱，马湘他们便乘机抢过马路，进入到斜对面的小巷里。但没想到这条巷子是死巷子，巷内住着十来户人家，其中有一家的门虚掩着，他们便推门走了进去。恰好前面的一间房子没有人，马湘和黄惠龙急忙把军服脱了下来，连同手枪一起丢进了院子里的一口井里。他们刚在房子里坐定，便有一老妇人怒气冲冲地走了进来，责问他们是什么人，为什么擅闯民宅，要他们立即走，否则他儿子回来了没有他们的好果子吃，因为他儿子是排长。又是马湘急中生智，他指着宋庆龄说："这是我姑姑，在汕头当教师，因放假来看我们。刚才打算到街上买些吃的东西，谁知路上有许多军队，我们害怕，便跑到您家里来躲一躲，请您原谅。"但老妇人不听，非要他们立即走不可。他们只得离开，就由黄惠龙前面探路，马湘和宋庆龄远远地在后面跟着。不料黄惠龙刚走到巷口，就被叛军抓走了，马湘和宋庆龄又只得退回到老妇人家里。正在这时，老妇人的一位当消防警察的儿子回来了。马湘又把对老妇人说的话说了一遍，并对这位消防警察说："我们驻在四牌楼，因刚从乡下来，路不熟，烦劳你帮我们带带路好不好？"这位消防警察便答应了。快到四牌楼时，马湘对带路的这位消防警察说："到这里，我们认得路了，不敢再劳你大驾，请回吧！"消防警察离开后，他们到街上买了些鱼肉酱菜之类的东西放在筐子里，打扮成厨子的样子，继续向高第街前进。转到维新路时，看见有许多叛军把守着路口。马湘向前，主动和叛军打招呼，并拿了一些鱼肉给叛军，叛军也就让他们通过了。他们到了高第街，住进时任长洲要塞司令的马伯麟家。他们知道马伯麟家不宜久留，决定尽快转移到在沙面自来水厂当工头的李国斌那里去。第二天一大早，他们一行四人（除马湘、宋庆龄外，还有马伯麟的妹妹的弟媳）都换上普通人的衣服，步行前往。当他们快走到沙面西桥的铁闸门时，被陈炯明的叛军发现，追赶过来。马湘走在最后，他边走边对守闸门的沙面工部局的华差大喊，有土匪抢东西。华差立即上前拦住了叛军。马湘和宋庆龄一行见到李国斌后，向他说明来意，并同时给岭南大学校长钟荣光打电话，请他派电船来接。第二天上午8时，钟荣光派电船把他们接到岭南大学，后又用电船把他们送到黄埔，住进长洲要塞司令部。至此，他们才脱离了危险（见《孙中山的历程》下，第330—333页）。

孙中山脱险后，第二天即移住永丰舰。他号召舰队官兵，讨伐叛军，决定"由舰队先发炮，攻击在省叛军，以示正义之不屈，政府威信之犹在"；然后"还驻黄埔，以俟北伐诸军之旋师来援，水陆并进，以歼叛军"。因此，他在调集支持他北伐的海军舰队炮轰叛军、以打击叛军气焰的同时，又急令前线北伐军回师广州平乱。北伐军回师后，于7月10日至29日，与叛军激战于韶关和翁源一带，因长期征战，疲惫不堪，加上敌我力量对比悬殊，在陈炯明叛军和北洋军的前后夹攻下，损失惨重，最后不得不放弃回师平乱的计划，向江西、湖南边境退却。孙中山在反击叛军两个月后，得到北伐军回师失利的确信，已知自己继续留在广州海面于事无补，便于8月9日怀着沉痛的心情，乘英舰"摩轩号"离开广州。第二次护法运动又遭失败。

第二次护法运动的失败，是孙中山一生遭受的最惨痛的失败。他过去的历次失败，都是失败于敌人；而这次失败，却失败于自己一手培养和扶植起来的"最亲信"的部属，"祸患生于肘腋，干戈起于肺腑"，而且其手段比起袁世凯、陆荣廷之流更阴险恶毒，袁世凯、陆荣廷之流还不敢谋害孙中山的生命，陈炯明则要置孙中山于死地。1922年8月14日，孙中山途经香港回到上海。同月18日，他发表《告国民党同志书》，详尽地陈述了陈炯明叛变的始末，他心情沉重地说："文率同志为民国而奋斗垂30年，中间出死入生，失败之数，不可缕指，顾失败之惨酷未有甚于此役者！"他认为之所以会遭此重大失败，责任在于自己用人不当，"予乏知人之鉴，不及豫寝逆谋，而卒以长乱贻祸"。

## 二、改组国民党

在孙中山领导和发动第二次护法运动的前后，国内外发生了一系列重大事件，这就是1917年俄国十月革命的爆发和1921年7月中国共产党的成立。

对于十月革命，孙中山当时虽然还不完全理解其性质，但他意识到这是俄国革命者的胜利，因而备受鼓舞，并开始注意研究苏维埃政权的情况。1917年11月19日，亦即十月革命爆发后的第三天，受孙中山直接指导的上海《民国日报》，就用大字标题"美克齐美（即Maximalist之音译，意为过激党）占领都城"，对十月革命进行了报道。1918年元旦，该报又发表社论，充分肯定十月革命的历史功绩，认为十月革命是人类的希望所在。为了开辟新的革命局面，建立稳固的后方根据地，他曾指示四川护法将领黄复生出师西北，以打通便于和苏俄取得联系的通道。1918年夏，他又代表南方国会给列宁发去贺电，祝贺十月革命的胜利，表示对俄国革命党所从事的斗争"十分钦佩，并愿意中俄两党团结共同斗争"。当时，以西方国家为首的世界上各种反动势力正对新生的苏维埃政权实行围剿和封锁。所以，列宁收到孙中山的这份电报后非常高兴，特意委托苏维埃外交人民委员会委员齐契林复信给孙中山，感谢他的贺电，并向这位"中国革命的领袖"致敬，表示愿意与他在革命斗争中进行合作。

1919—1920 年间，苏俄先后两次发表对华宣言，重申废除沙皇时代同中国签订的一切不平等条约，放弃在华的各种特权，并提议在完全平等的基础上缔结中俄友好条约。这对于一生追求各国平等、痛恨列强把一列系不平等条约强加给中国的孙中山来说，无疑具有极大的吸引力，从而使他对苏俄产生了更多的好感。他曾打算派廖仲恺、朱执信等人去苏俄学习，并为他们聘请了俄文教员。1920 年共产国际远东局派到中国来的第一位使者维金斯基来到上海，孙中山会见了他。维金斯基后来回忆说：孙中山在自己的书房里接见了我们。他没有搞那套中国的习惯性礼节，我们进去后，他请我们在桌子后坐下，接着便开始询问关于俄国和俄国革命的情况。孙中山对一个问题特别感兴趣，这就是如何将刚刚从盘踞广州的反动桂军手里解放出来的华南斗争与遥远的俄国斗争结合起来。他希望与俄国建立电台联系，并一直询问能否在海参崴或满洲里建立一个俄国与广州联系的大功率电台，从而解决俄国与广州没有电台联系的困难。孙中山被推选为非常大总统后，1921 年 4 月的中下旬，他在广州接受了远东共和国通迅社驻广州记者斯达杨诺维奇和俄罗斯通迅社、远东社北京分社社长霍多罗夫的采访。这也是孙中山一生中唯一的一次与苏俄记者的谈话。事后，斯达杨诺维奇和霍多罗夫写了一篇题为《和孙中山的一次谈话》的文章，介绍了这次采访孙中山的情况。据斯达杨诺维奇和霍多罗夫的介绍，孙中山明确告诉他们，他对俄国和远东共和国的事情非常感兴趣，并不断地询问他们，苏维埃俄国和远东共和国有什么不同？远东共和国到底是一个什么样的国家？尤其是俄国各阶层人在"不许干涉"的口号下团结一致，这给孙中山留下了特别深的印象。

1921年底，共产国际正式代表马林来到桂林，孙中山与之作了三次长谈。马林提出了两点建议："第一，要进行中国革命，就要有好的政党，这个政党要联合各界人民，特别是工农大众。第二，要有革命的武装核心，要办军官学校。"孙中山对这两点建议表示完全赞同。马林还向孙中山介绍了俄国革命的情况，尤其是苏俄的新经济政策。孙中山对俄国革命的成功经验非常感兴趣，认为苏俄的新经济政策就是他的民生主义。不久，孙中山在给廖仲恺和汪精卫的电报中谈到了他的这一看法，他说："苏俄革命后实行马克思之共产主义，余甚滋疑。以现世界正在资本主义旺盛时代，俄国工商业甚不发达，共产主义不能单独成功，其去实行之期尚远。今闻马林言，始悉苏俄行共产主义后，以深感困难，乃改行新经济政策。此种新经济政策，其精神与余所主张之民生主义，不谋而合。余深信苏俄能先实行与余之主义相符之政策，益信余之主义切合实行，终必能成功也。"翌年4月，作为苏俄政府全权代表的少共国际代表C.A.达林来到广州，孙中山不仅会见了他，而且在听取了达林对苏俄各个方面情况的介绍后，表示要与苏俄建立关系。

通过上述这些会见和会谈，孙中山对苏俄有了比较多的了解。他开始认识到，苏俄是不同于西方列强的国家，其革命成功的经验，能为中国革命所效法。孙中山认识上的这一进步，为他后来改组国民党，提出联俄、联共、扶助农工的三大政策奠定了思想基础。

孙中山与中国共产党的接触和交往，在某种意义上可以追溯到中共筹建阶段。1920年孙中山在上海会见共产国际远东局派到中国来的第一位使者维金斯基，就是陈独秀介绍的。1921年他在桂林时，曾与陪同马林前往的张太雷详细讨论了如何动员广大青年参加革命运动的问题，希望刚成立的中国共产党能帮助他做好这项工作，并表示出了与共产党人合作的愿望。

与此同时，中国共产党在革命的实践中，也抛弃了刚成立时的"只维护无产阶级利益，不同其他党派建立任何关系"的幼稚政策，开始认识到目前的中国革命还不是社会主义革命，而是推翻帝国主义和反对封建军阀统治的民主主义革命，要取得民主主义革命的胜利，就必须团结联合革命的民主派，孙中山和他领导的中国国民党则是革命的民主派的代表。1922年6月15日，中国共产党的中央执行委员会发表的《第一次对于时局的主张》就明确指出："依中国政治经济的现状，依历史进化的进程，无产阶级在目前最切要的工作，还应该联络民主派共同对封建式的军阀革命，以达到军阀覆灭、能够建设民主政治为止。"而"中国现存的各政党，只有国民党比较是革命和民主派，比较是真正的民主派"。同年7月发表的中国共产党"二大"宣言，规定了党的最高纲领和最低纲领，认为中国目前的革命任务是实行"最低纲领"，完成下列的革命任务："（一）消除内乱，打倒军阀，建设国内和平；（二）推翻国际帝国主义压迫，达到中华民族

李大钊（1889—1927），字守常，河北乐亭县人。中国最早的马克思主义者，中国共产党创始人之一。1913年留学日本，1916年回国，历任北京《晨钟报》总编辑、北京大学图书馆主任兼经济学教授和《新青年》杂志编辑。1918年和陈独秀创办《每周评论》，领导"五四运动"。1920年发起建立北京共产主义小组，并参与指导各地建党工作

完全独立；（三）统一中国……为真正的民主共和国。"而要完成上述任务，"只有无产阶级的革命势力和民主主义的革命势力合作动作，才能使真正民主革命格外迅速成功"。8 月下旬，中共中央杭州西湖举行的特别会议，通过了国共合作及其形式的原则，"决定劝说全体党员加入国民党"。

陈炯明叛变事件发生后，中国共产党立即发表声明，谴责陈炯明对孙中山事业的背叛，并明确表态支持孙中山的正义斗争，这对因陈炯明叛变而处境非常艰难，甚至可以说已无路可走的孙中山来说无疑是巨大的支持，也使他感到中国共产党是可交往和信赖的朋友。不久，中国共产党又主动向孙中山伸出了友谊之手。1922 年 8 月下旬，也就是孙中山从广州回到上海后几天，受中共中央的委派，李大钊专程赶到上海和他进行了多次交谈，讨论"振兴国民党以振兴中国"等种种问题。李大钊的广博知识，对形势的精辟分析，尤其是他的真诚态度，深得孙中山的好感，有时一谈就是好几个小时，"几乎忘食"。一天，他送走李大钊后，兴奋地对夫人宋庆龄说，共产党人是他真正的革命同志，在今后的革命斗争中他们能够成为自己的依靠。因此，在一次会谈时，孙中山当面邀请李大钊加入中国国民党。李大钊告诉孙中山说，自己是第三国际的党员。孙中山回笑说："这不打紧，你尽管一面作第三国际党员，一面加入本党帮助我。"表示出愿意与共产党合作的愿望。依据中共"二大"和西湖会议精神，李大钊同意了孙中山的提议，随即由张继介绍，孙中山主盟加入了国民党。之后，陈独秀、蔡和森、张太雷、张国焘等一批共产党员也以个人身份陆续加入国民党。

几乎和李大钊与孙中山会谈同时，来华与北京政府商谈外交商务的苏俄政府副外长越飞，也秘密派代表到上海见了孙中山。之后，越飞四次写信给他，他三次复信越飞。越飞在信中介绍了苏俄的国内国外有关情况，并向孙中山通报了他与北京当局就中俄建交进行的谈判和他所遇到的种种困难，而孙中山在信中则向越飞介绍了中国国内政治形势，以及自己的政治、军事计划，并希望苏俄能为中国革命提供军事援助。8月25日，马林与孙中山在上海也举行过会谈，马林向他通报了共产国际关于中国共产党加入国民党的决定，并劝告他不要单靠军事行动去收复广州，而应以上海为中心开展群众性的宣传活动，争取广大人民群众参加他领导的革命斗争。据马林的回忆，此时的孙中山比以前变得更易接受意见。

孙中山在最困难的时候得到中共和苏俄的帮助，非常感激，他决定接受中国共产党和苏俄代表的建议，联合共产党，改组国民党，使之成为国共合作的统一战线的组织形式。1922年9月4日，也就是他和李大钊、越飞代表以及马林会谈后不到10天的时间，孙中山在上海召开了研究改进国民党计划的首次会议，出席会议的有张继等53人。他在会上解释了为什么要联俄联共以及联俄联共的政策。马林应邀也在会上讲了话。会议一致赞同孙中山提出的改组国民党的建议，并初步成立了改组工作机构。第二天，孙中山指定茅祖权、覃振、陈独秀等9人为中国国民党改进案起草委员会委员，陈独秀为党务改进计划起草委员。这年的11月25日，孙中山再次召集改进国民党计划会议，出席会议的59名代表审议中国国民党改进案，并推选胡汉民为宣言起草委员。12月16日，孙中山第三次召集各省代表开会，讨论修改已起草的中国国民党改进案宣言以及《中国国民党党纲》和《中国国民党党章》。

1923年1月1日，孙中山发表了以改组国民党为主要内容的《中国国民党宣言》，提出反帝、反封和改善工农生活等新方针，并对民族、民权、民生"三民主义"作了新的阐述。在民族主义方面，认为中国仍然处于受列强殖民的悲惨地位，因此，必须"内以促进全国民族之进化，外以谋求世界民族之平等"，并第一次提出了修改不平等条约的主张；在民权主义方面，为了防止少数人操纵选举，主张实行普选制度，人民群众"直接行使创制、复决、选举、罢免各权"，并享有"集会、结社、言论、出版、居住、信仰之绝对自由权"；在民生主义方面，国家规定土地法、使用土地法及地价税法，铁路、矿山、森林、水利以及其他关系国计民生的工商业，归全民所有，由国家经营管理，但工人有一部分管理权，制定工人保护法，改良农村组织，增进农人生活。从孙中山对三民主义新的阐述来看，很明显部分地接受了中国共产党主张的影响。接着孙中山又公布了《中国国民党党纲》和《中国国民党总章》。17 日，他在上海与新任苏俄驻华全权大使越飞开始会谈，商讨改组国民党与建立军队以及苏俄与共产国际援助中国革命和反对帝国主义等问题。这月的 26 日，他和越飞联名发表了著名的《孙文越飞宣言》。宣言的发表，标志着孙中山联俄政策的最后确立。

孙中山在中共和苏俄代表的帮助下，着手准备改组国民党的同时，又积极筹划消灭广东陈炯明叛军，重建广东革命根据地。1922 年 10 月，孙中山把驻防在福建边境的北伐军改为讨贼军，任命许崇智为东路讨贼军司令，蒋介石为参谋长。10 月 12 日，许崇智军攻克福州。福建平定后，孙中山命令入闽各军准备回师广东，讨伐陈炯明。不久，他又经过联络，将留驻在广西的滇军、桂军和部分粤军，组成西路讨贼军，任命杨希闵为滇军总司令，刘震寰为桂军总司令，在白马宣誓就职。

12 月 19 日，东路军攻克泉州，准备由闽入粤。28 日，西路军进入梧州，准备由桂入粤。一切部署妥当后，孙中山于 1923 年 1 月 4 日发出讨伐陈炯明的通电，命令各路讨贼军奋勇杀敌，"为国家除叛逆，为广东去凶残"。西路讨贼军出梧州沿西江东下，9 日即攻克肇庆，10 日攻克三水，16 日克复广州，陈炯明率领残兵败将退到惠州、潮梅、汕头一带。东路讨贼军回师潮梅，陈炯明军土崩瓦解，其残部被李烈钧收编。克复广州的当天，西路军电请孙中山回粤，复任非常大总统。2 月 21 日孙中山自上海到达广州，第三次在广州建立政权，被推为陆海军大元帅，3月2日正式建立大本营，为执行军政机关，内分外交、内政、军政、建设、财政五部，审计、法制二局，参军、秘书二处及金库一所。

广东革命政权重建后，孙中山继续积极改组国民党的准备工作。1923年4月1日，他指令正式恢复国民党广东支部；8月16日，他派出了以蒋介石为团长，张太雷、李章达、沈玄庐等为团员的"孙逸仙博士代表团"赴苏联考察党务、政治和军事，并洽谈苏联援助问题；10月18日，他聘请来广州的苏联代表鲍罗廷为国民党特别顾问，并采纳了鲍罗廷提出的关于改组国民党的具体建议；19日，他委派廖仲恺、李大钊、汪精卫、张继、戴季陶5人为国民党改组委员会；24日，他设立有共产党人参加的改组国民党的执行机构——临时中央执行委员会，负责起草宣言、党纲、党章，办理各地支部登记，建立广州市、区党部；建立讲习所，培养各区支部执行委员的工作。25日，召开国民党改组特别会议，讨论改组的必要性和改组计划，参加会议的100多位代表一致赞同改组国民党。28日，临时中央执行委员会正式成立，自11月1日起到国民党第一次代表大会召开前止的两个多月的时间里，临时中央执行委员会共开了28次会议，议决各种文件400余件，为国民党的改组做了大量工作。11月12日，临时中央执行委员会发表《中国国民党改组宣言》。《宣言》指出：中国今日政治不修，经济破产，瓦解土崩之势已现，贫困剥削之病已深。因此，要想挽救今日中国，必赖乎有主义、有组织、有训练的政治团体，本其历史使命，依据民众热望，为之指导奋斗，而达其所抱政治之目的。不然的话，民众蠢蠢，不知所向，唯有陷为军阀之牛马、外国经济的帝国主义之牺牲而已。中国国民党本其三民主义，奋斗多年，但却没有取得成功，究其原因，就在于"组织未备，训练未周"，虽有大军，无以取胜。"吾党有见于此，本其自知之明，自决之勇，发为改组之宣言，以示其必要。"《宣言》还提出：

改组后的党纲党章，"务求主义之详明，政策切实，而符民众所渴望"；改组后的组织训练，"则务使上下逮通，有指臂之用；分子淘汰，去恶留良"。接着又公布了《中国国民党党纲草案》和《中国国民党章程草案》。临时中央执行委员会还决定 1924 年 1 月召开第一次全国代表大会。

1924 年 1 月 20 日上午，中国国民党第一次全国代表大会在广州国立高等师范学校（今中山大学）礼堂开幕。出席大会的海内外代表为 196 人，实际参会者 165 人，每省 6 名代表，其中 3 人由孙中山指定，另 3 人由推选产生。海外代表多数由各支部推选。共产党人李大钊、谭平山、瞿秋白、林伯渠、毛泽东等二十余人出席会议。李大钊被孙中山指定为大会五人主席团成员之一（另外四人为胡汉民、汪精卫、林森、谢持）和章程、宣言、宣传三个审查委员会委员。

孙中山以总理的身份担任大会主席，并致开幕词。他说：今天在此召开中国国民党全国代表大会，这是本党自有民国以来第一次，也是自有革命党以来第一次。从今天起，要把以前的革命精神恢复起来，把国民党改组。此次国民党改组，有两件事：第一件，要把国民党改造成一个有力量有具体的政党；第二件，就是用政党的力量来改造国家。所以此次国民党代表大会，第一件是改组国民党的问题；第二件是改造国家的问题。为期 10 天的全国代表大会，就是要解决这两件大事。孙中山在开幕词中还告诫大家注意这样一个问题，并从中吸取教训：从前本党未能巩固的地方，不是有什么敌人用大力量来破坏我们，完全是我们自己破坏自己，是由于我们同志的思想见识过于幼稚，常生出一些无谓的误解。所以全党的团结力非常的涣散，革命常因此而失败。他因此而要求大会代表要明白大会的宗旨，不可以无意识的问题来挑拨意见，生出一些无谓的争论。大家一定要团结起来，为党为国，同一目标，同一步骤，这样革命才能成功。政党最要紧的事是各位党员要有一种精神的结合，而要实现这种精神的结合，第一要牺牲自己，第二要贡献能力。只有个人牺牲自由，然后全党才能得到自由。只有个人贡献能力，然后全党才能有能力。当天下午，孙中山又作了《中国现状及国民党改组问题》的报告。他在报告中指出：辛亥革命十三年来，中国不仅没有进步，相反还退步了。对此，革命党不能不负责任。人民以各种痛苦归咎我们，我们实难辞其责。其所以如此，关键在于我们所有的方法不对。孙中山在这里所说的"方法"，就是革命政策。他还就中俄两国革命一败一成的事实进行了比较，认为中国革命所以失败，是因为反革命分子、旧官僚等反对革命的人在武昌起义后摇身一变，混进了革命队伍，甚至成了所谓的革命功臣，从内部破坏革命事业。而俄国革命所以成功，是革命后将反革命分子、旧官僚都驱赶到国外去了。因此，我们改组国民党，就是向俄国学习，把混入党内的反革命分子、旧官僚和封建军阀都清洗出党，使他们不能从中破坏我们的革命。他特别重视俄国革命的方法，因为俄国革命不仅推翻了帝国主义，而且还着手解决世界的经济政治诸问题。这种革命，才是真正的革命，彻底的革命，原因就在于它的"方法良好"。我们改组国民党，要学的就是俄国革命的这种方法。孙中山的开幕词和报告，为中国国民党第一次全国代表大会确定了宗旨、任务和方向。

这次大会共开了 10 天，谭平山代表临时中央执行委员会作报告，柏文蔚作军事报告，各地代表作党务状况报告。在孙中山的主持下，大会通过了《组织国民政府之必要案》《中国国民党第一次全国代表大会宣言》《中国国民党总章》等重要议案。在会议期间，孙中山也先后作了《关于组织国民政府案之说明》《欢宴国民党各省代表及蒙古代表的演说》《关于民生主义之说明》《主义胜过武力》《对于中国国民党宣言旨趣之说明》的发言或报告。大会还选举出中央执行委员和监察委员，委员名单先由出席代表以多数推举，再由孙中山提出以多数通过。24 名执行委员和 17 名候补委员中，有共产党人李大钊、谭平山、瞿秋白、毛泽东、丁树德、沈定一、于方舟、林伯渠、韩麟符和张国焘等人。大会在保留"总理"的名义下，将选出的领导机构采取委员制。

中国国民党第一次全国代表大会是一次具有重大历史意义的会议，这次会议的最重要成果，就是在孙中山的主持下，通过了《中国国民党第一次全国代表大会宣言》，从而在政治上保证了国共首次合作的正式建立。孙中山曾说过："这个宣言系此次大会之精神生命。"

《中国国民党第一次全国代表大会宣言》是1月23日通过的，31日正式对外发表。它名义上是国民党临时中央执行委员会"筹备"的成果之一，实际上，是在孙中山亲自过问和主持下，由国民党、共产党和共产国际代表共同制定出来的。其初稿由孙中山委托鲍罗廷起草，作为鲍罗廷的助手和翻译，瞿秋白将鲍罗廷起草的俄文稿译成了中文，在翻译过程中，瞿秋白不仅做了不少文字修饰工作，而且也对个别内容进行了修改。后来汪精卫作为受临时中央执委会委派的宣言起草员，又在瞿秋白所译中文稿的基础上，另外草就了一份中文稿。就此而言，鲍罗廷、瞿秋白和汪精卫都是《宣言》的起草人。1944年3月，周恩来在一个报告中说："国民党第一课外作业全国代表大会的宣言，是孙中山先生委托鲍罗廷起草，由瞿秋白翻译，汪精卫润色的。"应该说，周恩来的报告是符合历史事实的。《宣言》的草稿出来后，孙中山又指定胡汉民、廖仲恺、汪精卫和鲍罗廷4人组成委员会，对它进行反复的讨论、审议和修改，每次讨论瞿秋白都在场（因他是鲍罗廷的助手和翻译），孙中山有时也参加，最后由孙中山审定。《宣言》共分三大部分：一是"中国之现状"，总结过去革命的历史和经验，分析当时中国社会的状况，对当时社会上流行的各种错误、反动的政治流派和思潮，如立宪派和立宪思潮、联省自治派和联省自治思潮等进行了分析和批判，指出只有实行国民革命和三民主义，才是中国的唯一出路；二是"国民党之主义"，主要是重新解释三民主义，这些解释也把同盟会时期的旧三民主义发展成了国共合作时期的新三民主义，并严正宣告："国民党之三民主义，其真解释具如此"；三是"国民党政纲"，主要是根据新三民主义的基本精神，提出对内对外的基本政策和实行新三民主义的具体办法，这就是对外打倒帝国主义，取消列强与中国签订的一系列不平等条约，废除军阀所借的一切外债；对内打倒封建军阀，改善人民生活，确立和保障人民的各种自由和权力。《宣言》还欢迎广大工人、农民参加国民党，"相与为不断之努力，以促进国民革命运动之进行"。《宣言》通过后，孙中山作了《关于国民党宣言旨趣之说明》的演讲，指出：此次我们通过宣言，"就是要重新负担革命的责任"，就是要彻底的革命，对内的责任，是要打倒军阀，完全解放被压迫人民；对外的责任，是"要反抗帝国侵略主义"，联合世界上一切受帝国主义压迫的民族，"共同动作，共同扶持，将全世界受压迫的人民都来解放"。

1月30日，国民党第一次全国代表大会在完成各项议题后胜利闭幕。孙中山在闭幕词中指出，这次大会"重新来研究国家的现状，重新来解释三民主义，重新来改组国民党"。"我们从前革命因为没有好办法，所以成功与失败各有一半。"通过这次大会，我们改组了国民党，找到了好的办法，这就是联俄、联共和扶助农工的三大政策，所以"今后拿了好办法去革命，便可一往无前，有胜无败，天天成功"。他要求代表们散会以后，到了各个地方，"便要希望一致奋斗"。大会闭幕后的第二天，孙中山又主持召开了国民党一届一中全会，共产党员谭平山被推选为中央执行委员会常务委员兼中央党部组织部长，与另两位中央执行委员会常务委员廖仲恺、戴季陶一起组成秘书处，负责处理日常工作。另一位共产党员林伯渠被推选为农民部长，此外，还有一些共产党员进入国民党中央党部工作。

中国国民党第一次全国代表大会的召开和闭幕，标志着孙中山改组国民党工作的完成和第一次国共合作的正式建立。

## 三、新三民主义

国民党第一次全国代表大会最重要的成果，是通过了由孙中山主持制定，由共产党员、共产国际代表参与起草讨论的《中国国民党第一次全国代表大会宣言》。《宣言》的内容之一，是重新解释了三民主义，这些解释把同盟会时期的三民主义（即旧三民主义）发展成了国共合作时期的三民主义（即新三民主义）。《宣言》是 1924 年 1 月 23 日通过的，通过后第四天（即 1 月 27 日），孙中山即在广东高等师范学校（今中山大学）开始作三民主义的系统演讲。原定民族、民权、民生每个主义六讲，共十八讲，但从 1924 年 1 月 27 日到 8 月 4 日只讲了十六讲，8 月 4 日后，因对付商团叛乱及准备北伐而中辍，民生主义部分还有两讲没有讲完。每次演讲结束，只饮一杯柠檬水。从大元帅府到广东高等师范学校，往返路程 5 华里。开始时，孙中山是乘专车来的。后来他听说乘车每次往返要花费 15 元钱，他嫌花钱太多，便改乘车为步行，而且每次出发的时间和经过的路线都是一样的。据时任国民党中央执行委员的邹鲁回忆："总理（指孙中山——引者）来校，极少随从，只有黄惠龙、马湘等三四个人。我因主持校务，为保护安全起见，每逢总理未到校之前，总先要察看全校的警卫，是否照已决定好的部署站岗。有一天早晨，我出去查警卫的情形，而总理已到了学校。总理到校后，照例就进校长室休息。那天进了校长室，没有见到我，等我回来之后，总理问我到什么地方去了，我老实报告他。总理笑道：'不必这样小心。民众对于我，都是很亲爱的。至于军阀，却没有这种胆量。'我答道：'先生的人格，任何奸恶见了，都要低头；不过这是我应尽的责任。'"新三民主义是孙中山革命思想发展的最高阶段，也是孙中山留给我们最重要的思想遗产。

新三民主义的民族主义明确提出了对外反对帝国主义、对内各民族一律平等的口号。《中国国民党第一次全国代表大会宣言》声明："国民党之民族主义，有两方面之意义：一则中国民族自救解放；二则中国境内各民族一律平等。""中国民族自救解放"，就是要从帝国主义的压迫和奴役中解放出来，摆脱殖民地半殖民地的地位，"使中国民族得自由独立于世界"。"中国境内民族一律平等"，就是"承认中国以内各民族之自决权"，革命胜利后，"诸民族宜可得平等之联合"，"组织自由统一的民族自由联合的中华民国"。这时的孙中山已经认识到，帝国主义是中华民族前途的主要敌人，指出帝国主义的"武力有掠夺与经济的压迫，使中国丧失独立，陷于半殖民地之地位"。并且认为，帝国主义是中国军阀的后台老板，正是由于它们对中国封建军阀的支持，才"使中国内乱纠纷不已"。基于以上认识，孙中山提出了反对帝国主义的口号，规定中华民族解放之斗争，对于多数之民众，"其目标皆不外反帝国主义而已"。在 1924 年发表的《北伐宣言》中，孙中山更进一步强调："此战之目的不仅在推翻军阀，尤在推倒军阀所赖以生存之帝国主义。"而同盟会时期的民族主义，虽然也包含有反对帝国主义的思想，孙中山之所以要发动和领导辛亥革命，革清王朝的命，是因为清王朝是帝国主义的走狗，已经成了洋人的朝廷，反对清王朝也就是反对帝国主义，但它并没有明确提出反对帝国主义的口号，没有正面提出反对帝国主义的任务。

新三民主义的民权主义提出了民权为一般平民所共有、不为少数资产阶级所专有的原则。《中国国民党第一次全国代表大会宣言》写道："近世各国所谓民权制度，往往为资产阶级所专有，适成为压迫平民之工具。若国民党之民权主义，则为一般平民所共有，非少数者所得而私也。"新民权主义还主张废除以资产为标准的选举法，"凡真正反对帝国主义之个人及团体"享有集会、结社、言论等"一切自由与权利"，而不将此等自由和权利给予"卖国罔民以效忠于帝国主义及军阀者"。因为"民国之民权，惟民国之国民乃能享之，必不轻授此权于反对民国之人，使得借以破坏民国"。在同盟会时期，其民权主义是以欧美为蓝本的，所要建立的共和国是美国式的共和国，但《中国国民党第一次全国代表大会宣言》则强调，国民党所主张的民权，是和欧美国家不同的民权，"不是要学欧美，步他们的后尘"，不是要建立美国式的共和国，而是要建立一个"最新式的共和国"。这时的孙中山还抛弃了旧民权主义的建国三时期的主张，提议召开由各界人民代表组成的国民会议来决定国事。

新三民主义的民生主义，除重申在同盟会时期就提出的"平均地权"外，又提出了"耕者有其田"的主张，把土地问题的解决和满足农民对土地的要求直接联系了起来。《宣言》写道："国民党之主张，则以为农民之缺乏田地沦为佃户者，国家当给以土地，资其耕作。"不久，孙中山在《三民主义·民生主义》的演讲"第三讲"中更明确地提出：要使农民问题得到完全解决，"是要'耕者有其田'，那才算是我们对于农民问题的最终结果"。同年的8月21日，他在广州农民运动讲习所第一届毕业礼的演说中再次明确主张"耕者有其田"。他说："现在俄国改良农业政治之后，便推翻一般大地主，把全国的田土都分到一般农民，让耕者有其田。……我们现在革命，要仿效俄国这种公平办法，也要耕者有其田，才算是彻底的革命；如果耕者没有田地，每年还要纳田租，那还不是彻底的革命。"新民生主义还提出了发展国家资本主义和节制私人资本的纲领。孙中山"节制资本"思想的形成要比"平均地权"思想的形成晚得多。就现有资料来看，孙中山明确表达这一思想是在他1917—1919年写的《建国方略·实业计划》中。该计划的"第一计划"开篇明义便写道："中国实业之开发应分两路进行，（一）个人企业，（二）国家经营是也。凡夫事物之可以委诸个人，或其较国家经营为适宜者，应任个人为之，由国家奖励，而以法律保护之。……至其不能委诸个人独占性质者，应由国家经营之。"孙中山正式提出"节制资本"并对其原则作了阐述是在《中国国民党第一次全国代表大会宣言》："国民党之民生主义，其最要之原则不外二者：一曰平均地权；二曰节制资本。……凡本国人及外国人之企业，或有独占的性质，或规模过大为私人之力所不能办者，如银行、铁道、航路之属，由国家经营管理之，使私有资本制度不能操纵国民之生计，此则节制资本之要旨也。"这同前面所提到的"实业计划"分"个人企业"和"国家经营"之"两路进行"的观点是一致的，也就是一方面要节制私人资本，另一方面又要发展国家资本，但在"实业计划"中，孙中山没有提到外资企业问题，而在《中国国民党第一次全国代表大会宣言》中则明确提出，节制资本的范围包括外资企业，这无疑是一个大的进步。后来孙中山又在不同场合讲到"节制资本"，其内容与《中国国民党第一次全国代表大会宣言》基本相同。

就《中国国民党第一次全国代表大会宣言》的基本内容来看，是三民主义的重大发展，是孙中山思想的一次飞跃，它摒弃了旧三民主义对帝国主义和封建主义的妥协性，在民主革命的主要结论上，同中国共产党二大通过的最低纲领基本一致，这也是第一次国共合作之所以能建立的根本原因。

孙中山的新三民主义和国民党第一次全国代表大会对国民党的改组，推动了中国革命形势的迅速发展，改组后的国民党已不再是一个单纯的资产阶级政党，而是一个工人、农民、小资产阶级和民族资产阶级联盟形式的组织。这就使国民党在政治上、思想上获得了新生。在中国国民党人和共产党人的共同努力下，新三民主义被推广到全国，中国共产党人积极参加到国民党各级组织的建设工作中，并把大量革命青年吸引到国民党中来，使国民党党员数量迅速增加，仅广东地区，1926年底国民党党员人数就达到18.3万余人。党员成分也发生了重大变化：农民占40%，工人占25%，学生占 25%。国民党的改组和第一次国共合作的实现，直接推动了工人运动、农民运动和青年运动的高涨，保证了北伐战争的胜利进军。孙中山改组国民党、倡导第一次国共合作的历史功绩值得充分肯定。

　　孙中山不仅是第一次国共合作的热情倡导者，也是第一次国共合作的积极捍卫者。早在 1923 年 11 月 29 日，也就是《中国国民党改组宣言》发表的同一天，国民党内右翼势力的代表人物邓泽如、林直勉等 11 人上书孙中山，弹劾共产党，反对孙中山的联共政策，妄图破坏国共合作。邓泽如原是南洋华侨，曾长期捐款支持孙中山领导的革命运动，与孙中山的关系非常亲密，孙中山给他的"手札盈尺"，自 1906 年以来，"几乎无月无书"，国民党人中没有人收存的孙中山书札能比他收存得多。尽管如此，孙中山对其反共行为也决不宽容，当面予以了批驳。据林伯渠 1956 年《在北京纪念孙中山诞辰九十周年大会上的讲话》中记述：孙中山当即"斥责坚决反共的顽固分子说：'你们不同共产党合作，我就解散国民党，加入共产党。'他向那些顽固分子说：'你们仍旧反对国共合作么？'顽固分子回答说他们不肯放弃自己的主张。孙中山就毫不迟疑地对他们说：'那么好，开除你们的党籍！'"林伯渠的记述也许并不十分准确，但孙中山维护国共合作的态度是非常坚决的。稍后不久，他发表了一封《致全体党员书》，详细解释了联俄联共的必要性和重要意义，批评反对国共合作的人，"不是出于敌人的破坏的行为，就是属于毫无意识的疑虑"。

　　在国民党第一次全国代表大会上，国民党内的右翼势力使用暗的、明的、直接的、间接的等一切手段来破坏国共合作，干扰大会通过《中国国民党第一次全国代表大会宣言》和《中国国民党章程》这两个重要文件。比如，1 月 22 日在通过《中国国民党章程》时，因少数人制造障碍，其表决时间被推迟。1 月 28 日，有人又提出提案，要求《章程》中加入"本党党员不得加入他党"的条款，企图以此条款来反对共产党员以个人身份加入国民党，从而达到破坏国共合作的目的。对此，李大钊发表《意见书》，义正词严声明道：共产党员以个人身份加入国民党，并不是为了升官发财，而是为了国民党的发展，为了中国的革命事业，而且共产党员以个人身份加入国民党，是正大光明的行为，没有任何见不得人的阴谋诡计，如果对共产党员以个人身份加入国民党"猜疑防制"，这对国民党的发展不利，对中国的革命事业不利，因此必须"于本党（指国民党——引者）改造之日明揭而扫除之"。李大钊的意见书得到了廖仲恺等国民党内左派的支持。孙中山也是支持李大钊的，他与国民党内反对国共合作的势力进行了坚决斗争。正是在他的支持下，中国国民党第一次全国代表大会经过斗争才顺利地通过了《中国国民党第一次全国代表大会宣言》和《中国国民党章程》，并对李大钊的声明作出了相应的决定。

国民党内反对国共合作的右翼势力并不甘心他们的失败，国民党第一次全国代表大会后，他们又纷纷跳了出来。先是黄季陆、孙科等人向中央党部提案，要求"制裁"共产党。接着，曾受到过孙中山严词批驳的邓泽如，又违背大会决议，伙同张继、谢持以中央监察委员名义，提出"弹劾书"，弹劾以个人身份加入国民党的共产党员，并要求"从速严重处分"。此后，上海、北京、武汉、广州、香港、澳门和海外的一些右翼分子，或致电孙中山，或提出"弹劾"案，要求"清党"，把以个人身份加入国民党的共产党员清洗出去。除专门反对国共合作的《护党周报》外，《民国日报》（广州）、《民权旬报》（广州）、《民生周报》（北京）等国民党报刊也先后刊发了大量反对国共合作的文章。据统计，中国国民党第一次全国代表大会后到1924年底，国民党中央监察委员会提交中央执委会的10件议案中，有4件是反对国共合作的。孙中山没有向国民党内反对国共合作的右翼势力屈服。1924年4月7日，他发表《中国国民党关于党务宣言》，再次重申联共主张，并声明：只要有革命决心，并拥护三民主义的人，无论何党何派，国民党"无不推诚延纳"。8月15日，他又召开国民党一届二中全会，专门讨论维护国共合作的问题，审定和发表了《中国国民党中央执行委员会全体会议对于全体党员之训令》，充分肯定了中国国民党第一次代表大会对国民党的改组，肯定了这次大会确立的联共政策。8月30日，他在国民党中央执行委员会全体会议上发表讲话，对国民党内的反共右翼势力进行了严厉批评，并将公开破坏国共合作的代表人物冯自由等开除出了国民党。他说："现在代表大会已经开过，党已进行了改组。起初，当党作出决定，党要进行改组时，冯自由同志并不反对，两个月内他并未讲过任何反对改组的话，当时，他是临时中央委员会委员。但是当中央委员会刚选出，他因未能入选，就向我们的敌人提供了他所知道的关于改组和党的全部情况。冯自由因为未被选为中央委员而煽动一伙人反对共产党。现在，我以总理的名义宣布开除冯自由出党。"他甚至宣布，如果所有的国民党党员都反对国共合作，反对新三民主义，认为新民生主义不是共产主义，那么，他"将抛弃整个国民党自己去加入共产党"。

国民党第一次全国代表大会开幕后，孙中山在捍卫国共合作的同时，又领导改组后的国民党为贯彻新三民主义和联俄、联共、扶助农工的三大政策，为推动全国革命形势的进一步高涨进行了艰苦卓绝的斗争。

早在1923年8月，孙中山即派出了以蒋介石为团长的"孙逸仙博士代表团"赴苏联考察党务、政治和军事，共产党员沈定一、张太雷、王登云等是代表团的成员，代表团在苏俄考察了三个月，先后参观了苏联红军和各种军事学校，了解苏俄的建军经验。这年10月，在孙中山的建议下，国民党临时中央执行委员会决定设立"国民党军官学校"，并请孙中山亲任校长。孙中山随即指派廖仲恺和鲍罗廷负责筹划开办学校的具体事务。1924年1月国民党第一次全国代表大会期间，孙中山下令筹办中国国民党陆军军官学校，并指派蒋介石为筹备委员会委员长。2月6日，他又下令

黄埔军校开学典礼。台上右起：宋庆龄、孙中山、蒋介石、廖仲恺

在广州南堤设立了黄埔军校筹备处，积极进行军校的筹建工作。5月3日，他正式任命蒋介石为军校校长，自兼军校总理，同时学习苏俄红军的建军原则，设立了党代表和政治工作制度，任命廖仲恺为驻校党代表。不少共产党人如周恩来、叶剑英、恽代英、肖楚女、聂荣臻等先后到军校负责政治工作或担任其他职务。6月16日，军校举行开学典礼，孙中山出席典礼并发表了《革命的基础在高深的学问》的演讲。他在演讲中指出：创办军官学校，独一无二的希望，就是创建革命军，来挽救中国的危亡！13年来，没有一种军队可以说是革命军，现在在广东的军队虽然同国民党一同奋斗，但也还不是真正的革命军。我们创建军官学校，就是要创建一种有理想的真正的革命军。他要求学生要有高深的学问，而要有高深的学问，就必须有造就高深学问的方法，不但要将先生在课堂上讲的学问学到手，而且要能举一反三，自己会运用推广。只有学问学好了，知道了要革命的道路，

才可能发扬革命精神，继承先烈遗志，舍身流血，为造成中华民国的基础、实现三民主义而奋斗。也只有造就了中华民国的基础、实现了三民主义，中国才可以像俄国一样，"同世界各国并驾齐驱，中国的民族才可以永远的生存于人类"。黄埔军校的创办是孙中山革命生涯中的一件大事，他改变了革命党人长期没有党军的历史，对于巩固广东革命根据地，打倒北洋军阀，具有重要的历史意义。

黄埔军校正式开学不久，孙中山在广大人民的支持下，采纳共产党人的建议，迅速平定了得到英国支持的商团叛乱，挫败了帝国主义企图颠覆广州革命政府的阴谋。早在辛亥革命前夕，广东一些市镇就开始建立起商团，到20世纪20年代初，广东商团尤其是省城广州的商团在英国的支持下，得到迅速发展。据统计，当时的广州商团共有10团，合计四千余人，加上后备力量，总数达到六千人之多。邻近广州的佛山有12个分团，1600多人。商团不仅配备有长短枪，而且还有机枪，是一支有一定战斗力的武装。本来建立商团的目的，是"为防御内匪，保全生命财产，维持公安起见"，对"其他事项，概不干预"。但到了20年代初，特别是国民党第一次全国代表大会胜利召开后，在英帝国主义的直接控制和支持下，商团逐渐演化成了一支镇压工人阶级、维护军阀和帝国主义利益的反动武装，并多次与广州革命政府发生冲突。1924年8月10日，商团未经广州革命政府许可，擅自将向香港南利洋行定购的9841支长短枪和33.742万发子弹偷运到广州，被广州革命政府查获并扣留。商团便在英国的指使下，以此为借口发动了蓄谋已久的叛乱。他们煽动和胁迫商人罢市，要求广州革命政府允许他们成立联防总部，无条件发还扣留的枪支弹药，他们甚至以请愿为名，携枪围攻孙中山的大元帅府，企图推翻广州革命政府，以所谓的"商人政府"而代之。在多次谈判无果的情况下，尤其是在商团枪击游行示威的群众队伍，制造了骇人听闻的"双十惨案"，并进一步策划大规模的武装叛乱后，孙中山采纳共产党人的建议，在广大工农群众的坚决支持下，对叛乱的商团采取了断然措施：10 月 12 日，正在韶关指挥北伐的他电令黄埔军校当局"立即起义杀贼，绝无反顾"；13 日他又命令部分参加北伐的部队回师广州平叛。14 日，他再次电令时任广东省长的胡汉民及驻广州各军"迅速收缴商团枪支"。15 日，在黄埔学生军和回师广州平叛党各军的进攻下，商团土崩瓦解。商团问题的彻底解决，对于广东这块革命根据地的巩固具有十分重要的意义。

几乎与平定商团叛乱同时，孙中山乘江浙战争和直奉战争相继爆发的有利时机，决定再次组建北伐军，讨伐控制北京政府的直系军阀曹锟、吴佩孚。1924 年 9 月 4 日，他主持召开北伐筹备会议，确定参加北伐的部队，并决定把大本营迁往韶关，广州设留守府，以胡汉民为代帅兼广东省长。5 日，他发表《讨贼宣言》和《对粤宣言》。12 日，他移驻韶关，主持北伐。18 日，国民党发布《北伐宣言》，申明此次北伐的目的，不仅仅是要打倒曹锟、吴佩孚，而且更要使曹锟、吴佩孚之流不再出现；也不仅仅是要打倒军阀，而且更是要打倒军阀所赖以生存的帝国主义。20 日，在韶关举行北伐誓师典礼，随即参加北伐的各军按计划向湖南、江西进军，全国革命形势出现了前所未有的高涨。

## 第十一章

# 巨星陨落

病逝北京

举世哀悼

光辉的一生

## 一、病逝北京

在全国革命形势进一步高涨的推动下，1924 年 10 月 23 日，北洋军直系将领冯玉祥等于第二次直奉战争战事正酣之际发动了北京政变，囚禁贿选总统曹锟，并电邀孙中山北上共商国是。

孙中山认为，当前的"根本之图，尤在速谋统一，以从事建设。庶几分崩离析之局，得以收拾；长治久安之策，得以实施"。因此，尽管北上充满了危险和艰辛，但为了尽快实现全国的和平统一，同时也为了"拿革命主义去宣传"，孙中山还是欣然接受了冯玉祥等人的邀请，到北京"共筹统一建设之方略"。当时他身边的人担心他的安全，都劝阻他不要北上，因为张作霖、段祺瑞等封建军阀反复无常，居心叵测，毫无信用可言。然而孙中山却对他们说："我这次赴京，明知异常危险，将来能否归来尚不一定，但我之所以北上，是为革命，是为救国救民而奋斗，又怕什么危险呢？况我今年已 59 岁了，就是死亦心安理得了。"11 月 10 日，他以国民党总理的名义发表《北上宣言》，重申了反对帝国主义和军阀的主张，"对外要消灭帝国主义在中国的势力，使国家独立自由可保；对内要消灭军阀势力，使民治之基础莫能动摇"。并提出了解决当前时局的方法，就是"召集国民会议，以谋中国之统一与建设"。他主张国民会议由事业团体、商会、教育会、大学、各省学生联合会、工会、农会、反曹（锟）吴（佩孚）各军、政党九种团体代表组成，在会议召开之前赦免政治犯，保障各地方团体及人民有选举自由，有提出议案及宣传讨论的自由。他在《宣言》的结尾写道：国民的命运，在于国民之自决，国民党若能得到国民的援助，则中国之独立、自由、统一诸目的，"必能依于奋斗而完全达到"。

11 月 13 日，孙中山偕夫人宋庆龄乘永丰舰离粤北上。14 日，到香港转乘春阳丸轮船经上海，取道日本到北京。他北上途中，到处受到人民的热烈欢迎。在上海码头，欢迎他的群众有数万人，"打倒帝国主义""打倒军阀""欢迎孙中山先生"的口号震耳欲聋，此起彼伏。路过日本时，成千上万的爱国华侨和中国留学生敲锣打鼓地欢迎他。到达天津的那一天，两万多群众举着欢迎孙中山的横幅标语和各种彩旗，自发地到码头上迎接他，他途经的街道两旁，悬灯结彩，气氛十分热烈。孙中山也没有辜负人们的期望。他沿途不断发表言论，重申《北上宣言》的主张，并频繁会见各界人士，向他们宣传召开国民会议的主张。

　　由于过度的疲顿和多年的忧愤积劳，孙中山于 1924 年 12 月 4 日到达天津后终于病倒了，而且一病不起，但为了实现《北上宣言》的主张，他于是月 31 日抱病乘车到了北京，沿途受到北京市民的热烈欢迎，仅到车

　　1924 年 11 月，孙中山应冯玉祥电邀，决定赴北京共商国是并发表宣言，号召召开国民会议和废除不平等条约。13 日离开广东，经上海转道日本去北京。因一路劳累，12 月 4 日抵天津时肝病复发。图为孙中山在天津与社会各界人士合影

站迎接他的各界代表和群众就达 10 万人之多，规模空前。同日，他发表《入京宣言》，重申北上入京的目的："非争地位权势，乃为救国。"

然而这时，北京的局势已发生变化，段祺瑞已将冯玉祥挤走，以中华民国临时总执政的身份控制了北京政府。段祺瑞重新上台后，为与孙中山主张召开的国民会议相对抗，即积极筹备召开分赃的善后会议，并乘孙中山在天津生病卧床不起之际，于 12 月 24 日抢先公布了善后会议条例。根据这个条例，广大工农群众和人民团体被排除在会议之外，参加会议的绝大多数都是旧官僚、军阀和投机政客，甚至连当时正在进攻广州革命政府的叛逆陈炯明也被段祺瑞邀请在内。孙中山对段祺瑞这种倒行逆施进行了坚决斗争，多次发表谈话表明自己的反对态度，并于 1925 年 1 月 31 日，决定国民党拒绝参加善后会议。2 月 2 日，国民党中央执委会根据孙中山的指示，向全党发出了国民党员拒绝参加善后会议的通知。2 月 10 日，国民党中央执委会又发出通知，号召各人民团体自行制定国民会议组织法，以求产生"真正之国民会议"。3 月 1 日，国民会议促进会全国代表大会在北京召开，代表 20 个省 120 个社会团体和组织的 200 名代表出席了会议。

孙中山到北京后，病情迅速恶化。后经诊断，为肝癌晚期。尽管医生一再叮嘱他不要会客，不要谈话，应静心休养，但为了中国的前途，孙中山仍在病榻上坚持工作，发表书面谈话，拟定致段祺瑞的反对善后会议的电报，真正做到了"鞠躬尽瘁，死而后已"。3 月 10 日，他逝世前两天，病势危殆，但当得知广州东征军在黄埔军校的学生和东江农民军的配合下，打败陈炯明叛军，攻克陈炯明的老巢潮安、汕头时，他脸上露出欣慰的笑容，立即指示身边的工作人员给广州留守府代行大元帅职的胡汉民打电报，要军队遵纪爱民，"不可扰乱百姓"。他逝世前一天，还叮嘱身边同志"开国民会议及废除不平等条约，尤须于短期内促成实现"。

1925 年 3 月 12 日 9 时 25 分，中国一代伟人孙中山走完了他那充满艰辛、传奇、挫折、奋起的人生旅程，在北京东城铁狮子胡同 5 号住处（今地安门东大街 23 号"孙中山逝世纪念堂"）溘然与世长辞。他在弥留之际，签好了早先他应国民党人汪精卫等人的请求，口授并由汪精卫笔录的《国事遗嘱》和《家事遗嘱》，以及英文口授、陈友仁等笔记的《致苏联遗书》三个文件。

在《国事遗嘱》中，孙中山总结四十年的革命经验，而得出结论："必须唤醒民众，乃联合世界上平等待我之民族，共同奋斗"；发出了"革命尚未成功，同志仍须努力"的号召。其全文如下：

余致力国民革命凡四十年，其目的在求中国之自由平等。积四十年之经验，深知欲达之目的，必须唤起民众及联合世界上以平等待我之民族共同奋斗。

现在革命尚未成功。凡我同志，务须依照余所著《建国方略》、《建国大纲》、《三民主义》及《第一次全国代表大会宣言》，继续努力，以求贯彻。最近主张开国民会议及废除不平等条约，尤须于最短期内，促其实现。是所至嘱。

在《致苏联遗书》中，孙中山阐明了他实行的联俄、联共、扶助农工的三大政策，坚持反帝爱国的信念。其全文是：

苏维埃社会主义共和国大联合中央执行委员会亲爱的同志：

我在此身患不治之症。我的心念，此时转向你们，转向我党及我国的将来。你们是自由的共和国大联合之首领。此自由的共和国大联合，是不朽的列宁遗产与被压迫民族的世界之真遗产。帝国主义下的难民，将藉此以保卫其自由，从以古代奴役战争偏私为基础之国际制度中谋解放。

我遗下的是国民党。我希望国民党在完成其由帝国主义制度解放中国及其他被侵略国之历史的工作中，与你们合力共作。命运使我必须放下我未竟之业，移交于彼谨守国民党主义与教训而组织我真正同志之人。故我已嘱咐国民党进行民族革命运动之工作，俾中国可免帝国主义加诸中国的半殖民地状况之羁缚。为达到此项目的起见，我已命国民党长此继续与你们提携。我深信：你们政府亦必继续前此予我国之援助。

亲爱的同志！当此与你们诀别之际，我愿表示我热烈的希望，希望不久即将破晓，斯时苏联以良友及盟国而欢迎强盛独立之中国；两国在争世界被压迫民族自由之大战中，携手并进以取得胜利。

谨以兄弟之谊祝你们平安！

孙逸仙（签字）


在《家事遗嘱》中，孙中山将遗下的书籍、衣物、住宅留给夫人宋庆龄作为纪念，要求子女们继承他的革命遗志，完成他的未竟事业。其全文是：

余因尽瘁国事，不治家产，其所遗之书籍、衣物、住宅等，一切均付吾妻宋庆龄，以为纪念。余之儿女已长成，能自立，望各自爱以继余志。此嘱。

孙文


据统计，孙中山遗留给夫人宋庆龄的全部财产，只有 2000 多本书，一栋有 5 个房间的住宅，以及一些还未用完的日用品。其他一无所有。就是这栋住宅，也是由海外华侨集资捐助的。为了革命的需要，这栋房子还前后典当过三次，最后才由华侨捐资赎了回来。孙中山这种"尽瘁国事，不治家产"的优秀品质，值得人们的永远崇敬和怀念！

签署完这三个文件后，孙中山已不能连续说出四五个字的语言，身旁人员听到的是他反复用微弱的声音呼出的"和平、奋斗、救中国"几句话。直到生命的最后时刻，孙中山想到的仍是与帝国主义、军阀斗争，争取建设一个和平统一的新中国。

## 二、举世哀悼

孙中山的逝世引起了全国人民和进步人士的深切哀悼。中外报刊纷纷发表悼念文章，高度评价他的光辉一生。

北京《顺天时报》评论说："先生之于中国全体，其影响也至大。其余政治影响之重大无论矣，即一般社会亦靡不受其极巨之影响；以先生之名，无异新中国创造之纪念碑也。窃以先生之去世，其为国民党一大损失微论矣；然此非必为吾人之所介意者；其能唤起吾人注意之处，在一般政界及一般社会受损失也。何则？与其视先生为国民党之总理，转不若视中山为新中国创造伟人之为适当。"上海《申报》认为："中国数十年来为主义而奋斗者，中山先生一人而已。中国政界中之人格，不屈不变，始终如一者，中山先生一人而已。中山先生真爱国者也；不顾成败，不问毁不问誉，可谓勇往之实行者。"上海《商报》指出，中山先生"不知有身，不只有家，不知有敌人，不知有危害，不知艰难，恕于待人，而厉于责己，敏于观事而忍以图功。寝馈食息，必于救国；造次颠沛，不忘奋斗"。北京《益世报》写到："中山推翻满清，创造民国，与帝制者抗，与复辟者抗，与黩武者抗，与毁法者抗。凡所以迫害共和者，无不视为大敌，而誓予扫除。其功德，其主义，昭然在人耳目，无俟多述矣。中山为个人计，在京孰与在粤！而卒以只身北上者，与其谓为贯彻主义而来，勿宁谓为国民会议而来。"

美国有报刊评论说，孙中山与印度的甘地、土耳其的凯末尔、苏联的列宁、美国的威尔逊是"现代五杰"，为近代民族自决运动史上独一无二之突出人物。英国有报刊认为，只要熟知孙中山艰苦奋斗、屡挫屡起之生涯的人，对于孙中山的逝世，必拘诚哀惜之。日本有报刊指出，孙中山为近代杰出之革命思想家。他不仅主张法兰西式的政治革命，而且还主张均贫富的社会革命。他的晚年主张，绝对反抗英美帝国主义。苏联《真理报》3月14日刊登了孙中山逝世的消息并发表悼念文章，说"孙氏生命之伟大，在其不断前进，百折不挠，好学不倦。他在一切被压迫人民心中，永不遗忘"。

中国共产党在孙中山逝世后不久即发来唁电，并发表《中国共产党为孙中山之死告中国民众书》，哀悼孙中山，沉痛而庄严地指出："为中国民族自由而战的孙中山死了，自然是中国民族自由运动一大损失，然而这个运动绝不会随着孙中山先生之死而停止的。"《告中国民众书》号召全国人民继承孙中山的遗志，加倍努力，"一方面猛烈地继续国民会议及废除不平等条约的运动，反抗帝国主义的工具段祺瑞、张作霖在北方对于这次运动的进攻；一方面保卫南方的革命根据地——广东，肃清陈炯明、林虎、唐继尧等及其所勾结之买办地主的反动势力。因为这些都是廓清目前横在我们自由之路所必去的障碍"。共产党的《向导》周报和《新青年》都出版了悼念孙中山的特刊。苏共中央委员会于孙中山逝世的第二天，即发来唁电。唁电写道："俄国共产党中央委员会相信，孙中山的伟大事业将永存，孙中山的事业将永远铭记在中国工人、农民的心里，永远使中国人民的敌人心惊胆寒。"国内外一些知名人士也纷纷发表谈话或文章，缅怀孙中山的丰功伟绩，对他的逝世表示沉痛悼念。就是一生大部分时间与孙中山唱对台戏的梁启超也认为孙中山是一位历史上大人物，这是无论何人也不能不公认的事实。梁启超对孙中山最佩服的是："第一是意志力坚强，经历多少风波，始终未尝挫折。第二是临事机警，长于应变，尤其对群众心理，最善观察，最善利用。第三是操守廉洁，至少他自己本身不肯乱花钱，便弄钱也决不为个人目的。"

孙中山逝世后，根据人民的强烈要求，灵柩移至北京公园（今中山公园）举行公祭，从3月24日至31日，到孙中山灵前致祭的北京各界群众和外国友人前后达75万人之多，送来的挽词，挂的堂屋皆满，花圈七千多个，挽联五万九千多幅，横幅五百多件。李大钊写的挽联长达244字，概述了孙中山的历史功绩，表达了全国人民决心继承孙中山的遗志，完成其未竟事业的坚定决心。4月2日，当孙中山灵柩由北京公园移至西山碧云寺时，自发送殡的达到30万人，他们跟在灵车后面，沿途高呼"打倒帝国主义""打倒军阀""中山主义万岁""国民革命军万岁"等口号，气氛悲愤激昂。灵车经西长安街、西单牌楼，出西直门，沿途有成千上万的群众肃立

两旁志哀。还有两万多人步行数十里将灵车一直护送到西山碧云寺。在此前后，广州、南京、上海、武汉、桂林、昆明、成都、福州、开封、安庆、长沙、天津、青岛、南昌、保定、石家庄、济南、香港、澳门、台北等全国各大中小城市，都举行了声势浩大的悼念活动。如香港华工工团总会举行的追悼大会，就有一百多个工会团体15万人参加。在追悼会举行的当天，全港所有工厂商店停工停业一天，以致哀悼。莫斯科、东京、伦敦、巴黎、纽约、旧金山、檀香山和南洋等地的华侨和外国友人，也都召开了追悼大会或举行过悼念活动，人们以各种方式寄托他们对孙中山的怀念和哀思。

## 三、光辉的一生

孙中山的一生是光辉的一生，革命的一生，屡挫屡起，与时俱进的一生。

首先，孙中山是伟大的爱国主义者。自1840年鸦片战争起，中国就开始一步步沦为外国列强的半殖民地，中华民族面临着亡国灭种的现实危险。正是在这样背景下，孙中山走上历史舞台，开始其革命生涯。因此"振兴中华"，挽救民族危亡，成了他和他所代表的革命派肩负的历史使命。他在檀香山兴中会章程中写到："中国积弱，并非一日矣！堂堂华夏不齿于邻邦，衣物冠裳被轻于异族，有志之士，能无抚膺？有心人不禁大声疾呼，吁拯斯民与水火，切扶大厦之将倾。"这些动情的语言，充分表达了一位爱国志士的满腔悲愤和强烈的振兴中华、挽救民族危亡的责任感。他之所以要反对清王朝，要革命，其中一个重要原因就是清王朝已成为了洋人的朝廷，成了外国列强奴役和掠夺中国人民的傀儡和工具，只有推翻清王朝，才能使中国免遭帝国主义的瓜分。孙中山一生充满了挫折和失败，上书李鸿章失败，多次领导反清起义失败，二次革命失败，两次护法运动失败，但他能屡败屡起，并且能从失败中吸取教训，而不断前进。所以如此，强烈的振兴中华、挽救民族危亡的责任感是其巨大的推动力。就是在生命的最后一刻，他念念不忘的仍是"和平、奋斗、救中国"。孙中山这种伟大的爱国精神，实在令人敬佩。

长期的国外生活和接受的系统近代教育，使孙中山对中国的贫弱、落后和愚昧有着非常强烈的感受，然而他并未因此而有半点殖民地半殖民地国家中常见的那种民族自卑感，更没有丝毫的拜倒在洋人面前的奴颜和媚骨，他有的是民族自信心和自豪感，是努力改变中国，使之"驾欧美而上之"的勇气。他对中华民族的美好未来充满着乐观和自信。在 1904 年给美国人民的呼吁信中，他写道："拯救中国完全是我们自己的责任，一旦我们革新中国的伟大目标得以完成，不但在我们的美丽的国家将出现新纪元的曙光，整个人类也将得以共享更为光明的前景。普遍和平必将随中国的新生接踵而至。一个从来也梦想不到的宏伟场所，将要向文明世界的社会经济活动而敞开。"第二年，他在东京留学生欢迎大会上又热情洋溢地指出振兴中华赶超欧美有着许多的有利的条件："中国土地人口为各国所不及，吾辈生在中国，实为幸福。各国贤豪欲得如中国之舞台者利用之而不可得。吾辈既据此大舞台而反谓无所措手，蹉跎岁月，寸功不展，使此绝好山河仍为异族所据，至今无有能光复之，而建一大共和国以表白于世界者，岂非可羞之极者乎？"只有对自己国家和人民满怀深情的人，只有以"振兴中华"，挽救民族危亡为己任的人，才有可能在当时中华民族正被一些西方人视为"劣等民族"的年代说出如此热情洋溢的语言，憧憬中华民族的

美好未来。

其次，孙中山是伟大的民主主义者。中国自秦始皇统一中国后，就一直是专制主义国家，这种专制主义又是造成近代以来中国落后挨打的重要原因。因此，孙中山在向西方寻找救国真理的过程中，逐渐认识到要振兴中华，挽救日益严重的民族危机，就必须推翻专制主义统治，建立美国那样的民主共和国。1895 年的兴中会誓词首次提出了"建立合众政府"的主张，朦胧地表达出他要建立共和国的政治理想，后又经过几年的探索，到20 世纪初，他明确提出了"创立民国"的政治纲领，并成为三民主义之民权主义的基本内容，以后孙中山为实现"创立民国"的政治纲领，领导革命党人进行了艰苦卓绝的斗争，并终于在 1911 年的辛亥革命中推翻了清王朝，建立起中国历史上第一个共和国——中华民国。辛亥革命不仅结束了清王朝二百多年的专制主义统治，也结束了历代王朝两千多年的专制主义统治，在中国历史上具有划时代的意义。民国建立后，孙中山出任临时大总统期间，颁布了中国历史上第一部国家根本大法——《中华民国临时约法》。《约法》规定："中华民国，由中华人民组织之"；"中华民国之主权属于国民全体"；"中华民国人民，一律平等，无种族阶级宗教之区别"；人民享有人身、居住、财产及经营、言论、著作、出版、集会、结社、通信、迁徙、信教的自由；有请愿、诉讼、考试、选举及被选举的权利。《约法》还按立法、行政、司法"三权分立"的原则，规定了中华民国的政治制度。这些规定宣告了民主共和原则的正义性和中华民国的合法性，对中国的民主化进程起了巨大的推动作用。辛亥革命失败后，孙中山为捍卫民主共和与袁世凯和南北军阀进行了坚决斗争。后来，在中国共产党的帮助下，他重新解释了三民主义，把旧三民主义发展成为新三民主义。新三民主义的民权主义提出了民权为一般平民所共有，不为少数资产阶级所专有的原则，这是继辛亥革命推翻清王朝的专制主义统治后，孙中山为民主主义而奋斗所作出的又一重大贡献。新三民主义的主要成果，为1924—1927 年的国民革命准备了条件。

民主主义与爱国主义既有联系又有不同的地方。爱国主义主要是反对外国列强的侵略，要求振兴中华，实现国家的独立富强；民主主义，主要是反对专制主义统治，要求建立民主共和国，实现自由平等的政治理想。在近代中国一个爱国主义者不一定是民主主义者，而民主主义者必定是爱国主义者。孙中山在近代中国的历史地位，主要（不全）是他的民主主义决定的。因为在他之前，具有爱国主义思想的不乏其人，如鸦片战争前后的林则徐、魏源，太平天国时期的洪秀全、李秀成，以及后来的左宗棠、冯子材等，他们都是爱国主义者，但不是民主主义者，就是戊戌变法时期的康有为、梁启超、谭嗣同等人，他们虽然批判过专制主义，要求兴民权、设议院，但他们只主张自上而下的变法，实现君主立宪，因此在严格意义上说也不能说是民主主义者。中国最早的民主主义者不是别人，正是孙中山，是他最早在兴中会的誓词中朦胧表达了要建立民主共和国的政治理想，在同盟会的纲领中提出了"创立民国"。正是在这个意义上，毛泽东说，中国民主革命，正规地说，是从孙中山开始的。尤须指出的是，孙中山的民主主义是在与各种错误思想的斗争中丰富和发展起来的。辛亥革命前，他除了要和以梁启超为代表的立宪派斗争外，还要和革命派内部以章太炎为代表的一些片面强调排满复仇而不提政治革命的党人斗争。后来他改组国民党，把旧三民主义发展为新三民主义，又遭到了国民党内部右派势力的极力反对，孙中山又和他们进行坚决斗争，从而保证了第一次国共合作的实现。

最后，孙中山是中国现代化事业的倡导者。实现中国的现代化，可以说是孙中山梦寐以求的奋斗目标。早在 1895 年他在上李鸿章书中，就提出了"人能尽其才，地能尽其利，物能尽其用，货能尽其流"的主张。这是他对中国现代化蓝图的最初构想。由于上书的失败，使他认识到通过自上而下的改革来实现现代化的道路是行不通的，于是才义无反顾地开始了反对清王朝统治的革命斗争。他所以要革命，最终目的也是实现现代化，因为只有实现现代化，才能实现中华民族的振兴。他曾对胡汉民说："建设是革命的唯一目的，如不存心建设，即不必破坏，更不必言革命。"清王朝被推翻后，他曾认为中国从事现代化的主要障碍已经扫除，可以集中力量搞现代化了。所以在民国成立后的最初一年里，他到处发表演讲，谈从事现代化建设对于巩固民国的积极意义，要求人们把精力从破坏转移到建设上来，并提出了自己对现代化建设的一些具体设想。几年后，他在《实业计划》一书里更详细地勾画了一幅现代化建设的蓝图。其中尽管有空想的成分，而且在他生前也从来没有付诸实践，但毕竟包含着不少有价值的见解。他在《实业计划》和其他一些著作及演讲中所提出的一些经济建设思想，直到今天仍有其值得借鉴的意义。

第一，他认为革命胜利后应集中精力发展生产力。1912 年他在一次演讲中指出："能开发生产力则富，不能开发生产力则贫。从前为清政府所制，欲开发而不能；今日共和告成，措施自由，产生勃兴，尽可预卜。"第二，经济建设应以交通，尤其是铁路建设为中心。民国初年他解除临时大总统职务后，自告奋勇地要去当全国铁路督办，想在十年内修筑二十万里的铁路，一百万英里的公路和十数个如纽约之大港，在铁路中心及终点，在商港码头和交通要地设立新的商埠，增加电报、电话和无线电，形成一个四通八达的交通电信网络。第三，重视发展农业、原材料和能源等基础产业。他说："农矿二业，实为其它种种事业之母也。农矿一兴，则凡百事业由之而兴也。""煤、油、电者，实业之用也。""钢铁者，为一切实业的体质。"因此，他《实业计划》中的第六计划，专门讲的是原材料和能源等基础产业的建设。第四，中国的经济建设应走节制资本和发达国家资本主义的道路。他提出凡可以委诸个人或较国家经营更为适宜的工业，就应该任个人经营，国家予以法律保护，凡关系国计民生的工业或具有垄断性质的工业，则应该由国家经营。第五，对外实现"开放主义"，或者叫"开放门户政策"。他鉴于中国从事经济建设所面临的缺乏资金、技术和管理方法的严重困难，主张"开放主义凡是我们中国应兴事业，我们无资本，即借外国资本；我们无人才，即用外国人才；我的方法不好，即用外国方法。物质上文明，外国费二三百年功夫，始有今日结果，我们采来就用，诸君看便宜不便宜"。他并提出了利用外资的三条具体办法："一、借资兴办；二、华洋合股；三、定以期限，批与外人承筑，期满无价收回。"尤其须要指出的是，孙中山坚持对外开放，"止可利用其资本人才，而主权万不可授之于外人"。

历史给近代中国人民提出的两项最基本的任务，一是争取民族独立，二是实现中国的现代化。而要实现这两项任务，对外就必须驱逐外国列强在华的侵略势力，对内就必须推翻清王朝和军阀的专制主义统治。孙中山为此奋斗了四十年，他把一生都献给了中国人民，他的一生是光辉的一生。

# 孙中山年谱简编

### 1866 年　1 岁

11 月 12 日，出生在广东香山县（今中山市）翠亨村。父孙达成，母杨氏，都是贫苦农民。孙中山同胞兄妹四人，他排行第三，上有哥哥孙眉（1854—1915）和姐姐孙妙茜（1863—1955），下有妹妹孙狄绮（1871—1912）。

### 1871 年　6 岁

开始参加一些力所能及的农业劳动，如打猪草、拾猪粪、下地割草、上山打柴等。

### 1875 年　10 岁

入私塾，读《三字经》、《千字文》和"四书五经"。据林白克的《孙逸仙传记》说，他入学仅一个月，就问老师，读这些不懂的书有什么意义。

### 1877 年　12 岁

结束私塾的学习。

### 1878 年　13 岁

随母从澳门乘船去檀香山，看望在那里当农场主的哥哥孙眉。孙中山后来回忆记载："十二岁毕经业，十三随母往夏威夷仁岛。始见轮舟之奇，沧海之阔，自是有慕西学之心，穷天地之想。"

### 1879 年　14 岁

入夏威夷意奥兰尼学校学习英语，进步很快。据陈少白《兴中会革命史要》记载：孙中山"到了檀香山，因为没有中国学堂，所以在白天就进一个教会学堂，学习英语，晚上回家，温习功课后，他还是勤读中国书"。

### 1882 年　17 岁

从意奥兰尼学校毕业，因成绩优秀，获得夏威夷国王亲自颁发的奖品——一本中国书籍。

### 1883 年　18 岁

进入当地的一所高级中学——奥阿厚书院继续求学。他计划"在此满业，即往美国入大书院肄习专门之学"。但其兄孙眉担心他接受西方思想的影响，尤其是宗教的影响，令他回国。这样孙中山便于这年夏季回到广东，结束了在檀香山长达四年之久的求学生涯。同年 11 月，进入香港英国圣公会主办的拔萃书室（男子中学）学习，攻读高中课程。

### 1884 年　19 岁

这年 4 月，转入设备较完善的中央书院（不久改名域多利书院，1894年改名为皇仁书院）继续高中学业。由于孙中山学习刻苦，读书多，知识面广，同学们给他取了一个"通天晓"的绰号。

### 1886 年　21 岁

夏，从中央书院毕业。是年秋进入美国基督教长老会所办广州博济医院附设学校（今广州中山医科大学孙逸仙纪念医院）学习。

### 1887 年　22 岁

在广州博济医院附设学校学习一年后，转入香港西医书院继续深造。孙中山在西医书院一待就是五年。在这五年的时间里，他除刻苦钻研医学知识外，还广泛结交朋友，共同探索救国救民的真理。在他所结交的朋友中，陈少白、尤列、杨鹤龄三人和他最志同道合，被人称之为"四大寇"。

### 1892 年　27 岁

从香港西医书院毕业，为该校第一届毕业生，各科成绩名列前茅，在毕业典礼上，得到教务长康德黎颁发的奖励（三本书）。毕业后，即在澳门镜湖医院行医。由于他医术高明、态度和善，行医不到三个月，便声名鹊起，找他就医者络绎不绝，"户限为穿"。

### 1893 年　28 岁

因其医术高明，遭到澳葡殖民当局的忌恨，不给他颁发行医执照，被迫迁到广州行医，并常与志同道合的尤列、陆皓东、郑士良、魏友琴、程璧光等人在广雅书局内的抗风轩议论时政。

### 1894 年　29 岁

春，回到家乡翠亨村，闭门谢客起草《上李鸿章书》，阐述他数年来关于仿效西方以求"富国强兵之道，化民成俗之规"的改革主张，认为"人能尽其才，地能尽其利，物能尽其用，货能畅其流"，此四者是"富国之大经，治国之大本"。夏，怀揣《上李鸿章书》和王韬等人写的推荐信，与陆皓东一起到天津去拜见直隶总督兼北洋大臣李鸿章，遭拒绝，上书失败。从此走上革命道路。这年 11 月 24 日，他在檀香山发起成立了第一个革命团体——兴中会，通过了由他起草的《兴中会章程》，并决定在广州发动武装起义。

### 1895 年　30 岁

1 月底到香港。2 月 21 日，兴中会总部成立，首次提出"驱除鞑虏，恢复中华，创立合众政府"的纲领，也就是推翻清王朝建立美国式的共和国。兴中会总部成立后，即积极筹划拟定中的广州起义，并把起义的日期定在九月初九的重阳节（阳历 10 月 26 日）。后因事机泄漏，广州起义（因这年是乙未年，称乙未广州起义）未及发动就失败了。孙中山被清政府通缉，在国内无法安身，被迫流亡海外。

### 1896 年　31 岁

先到日本，后经檀香山去了美国。在美国活动三个月后，乘海轮于 9 月 30 日到达英国利物浦。当晚乘火车到达伦敦，住赫胥旅馆。10 月 11 日被清政府驻英使馆官员绑架，准备秘密押回国内处以极刑，后经康德黎的营救得以脱险，史称"伦敦蒙难"。脱险后，继续居住伦敦，每天到大英博物馆"潜心研读和从事著述，探求救国救民的真理"。

### 1897 年　32 岁

继续居伦敦，除到大英博物馆外，还到德、比、法等国实际考察，研究欧洲的社会政治制度，并与各国革命者广泛交往，其思想有了质的升华，"三民主义"学说开始初步形成。后来自述说，他在伦敦居留期间，所见所闻，殊多心得，"始知徒致国家富强，民权发达，如欧洲列强者，尤未登斯民于极乐之乡也，是以欧洲志士，犹有社会革命之运动也。予欲为一劳永逸之计，乃采取民生主义，以与民族、民权问题同时解决，此三民主义之主张所以完成也"。这年 8 月，经加拿大，抵达日本。此后的一两年时间内，以日本为中心，从事革命的宣传和组织活动。

### 1900 年　35 岁

春夏之际，中国北方兴起义和团运动。决定利用这一有利时机，领导和发动反清武装起义。6 月中旬，乘船从日本抵香港海外，在船上召开有兴中会骨干参加的军事会议，研究和布置起义的有关事宜。10 月，惠州起义爆发，以会党为主力的起义军奋战月余后失败。

### 1903 年　38 岁

惠州起义失败后，继续在日本从事革命活动。8 月，设革命军事学校于东京青山，训练干部，其入学誓词是："驱逐鞑虏，恢复中华，创立民国，平均地权。"

### 1904 年　39 岁

春，到檀香山，批判以康有为为代表的保皇党散布的保皇谬论，明确地划清了革命与保皇之间的界限，指出"革命、保皇二事，决分两途，如黑白之不能混淆，如东西之不能易位"。为了和保皇党争夺群众，还在檀香山正埠拜盟加入洪门，被封为"洪棍"。3 月底，由檀赴美，在华人华侨中从事革命的宣传活动。

### 1905 年　40 岁

夏，在游历了北美欧洲后回到日本。这时，国内先后出现了一些革命的小团体，如湖南的华兴会、江浙的光复会、湖北的"科学补习所"等。为了将这些小团体统一起来，以适应革命发展的需要，积极从事组织中国同盟会的工作。8 月 20 日，中国同盟会在日本东京正式成立，被推为总理。同盟会以"驱逐鞑虏，恢复中华，创立民国，平均地权"为纲领。同年 11 月，同盟会机关报《民报》创刊。在《〈民报〉发刊词》中，把同盟会纲领概括为"三大主义，曰民族，曰民权，曰民生"，也就是三民主义。

### 1906 年　41 岁

同盟会成立后，一方面领导革命党人"与保皇派大战"，批判他们散布的反对革命的种种谬论；另一方面积极筹划反清武装起义，并与黄兴、章太炎等同盟会的领导人一起，于 10 月主持制定了指导全国武装起义的纲领性文件——《中国同盟会革命方略》。12 月，萍浏醴起义爆发后，立即派人回国赴各省组织响应。但由于萍浏醴起义事发仓促，准备不足，还没待各省的响应发动起来，起义就被清政府镇压了下去。

### 1907 年　42 岁

春，被日本政府驱逐，移居越南，设总部机关于河内，就近领导和发动了潮州黄冈之役（6 月）、惠州七女湖之役（6 月）、钦州防城之役（9 月）和广西镇南关之役（12 月），并亲自参加了镇南关之役的战斗。因敌我力量悬殊和其他方面的原因，这些起义都先后归于失败。

### 1908 年　43 岁

广西镇南关之役后，在越南法国当局的要求下，经西贡离开越南到达新加坡。在离开越南之前，对广西、云南起义作了周密安排。根据孙中山的布置，黄兴、黄明堂等人先后发动了钦廉上思之役（3 月）和云南河口之役（4月）。

### 1909 年　44 岁

由于清政府的迫害，不能在国内以及近邻中国的国家和地区立足，因而无法就近领导和指挥武装起义，便把领导起义的任务交给了黄兴和胡汉民，自己则远走欧美，负责在华侨中进行革命的宣传和组织工作，尤其是为起义筹款。

### 1910 年　45 岁

2月，广州新军起义失败。6月，不顾日本政府的禁令，从美国潜回日本，与黄兴、赵声等同盟会重要领导人会晤，商讨下一步的行动计划。11月，在南洋槟榔屿再次召集黄兴、赵声等人和国内外的代表秘密开会，就下一步的行动计划再次进行商议，并决定集中同盟会的人力财力，在广州举行一次更大规模的起义。会后，再次远涉重洋，赴加拿大和美国为起义筹款。

### 1911 年　46 岁

4月27日，广州起义爆发（因这天是农历三月二十九，所以也称"三·二九"之役）。尽管革命党十分英勇，但因敌我力量过于悬殊，起义又遭失败。6月到旧金山，成立洪门筹饷局（又称中华革命军筹饷局，对外亦称国民救济局），专门负责筹饷事宜，准备再次起义。10月10日，武昌起义爆发，革命浪潮迅即席卷全国。在美国得知武昌起义的消息后，认为"此时吾当尽力于革命事业者，不在疆场之上，而在樽俎之间，所得效力为理大也"。因而没有立即回国，而是先后在美国、英国和法国开展外交活动，希望在外交和财政上得到列强的支持，但没有取得任何结果。12月25日回到上海。旋即被已脱离清政府宣布独立的各省代表联合会推选为临时大总统。

### 1912 年　47 岁

1月1日，在南京就任临时大总统，改国号为中华民国，改纪元为中华民国元年，同时组织内阁，并改各省代表联合会为临时参议院，中华民国临时政府正式成立。临时政府成立后，为了"尽扫专制之流毒"，颁布和实施了一系列有利于发展资本主义经济、民主政治和文化教育的政策法令和革新措施。2月13日，被迫向南京临时参议院提出辞职咨文，并推荐袁世凯为临时大总统。4月1日，正式辞去临时大总统职务。5日，临时参议院决议临时政府北迁，南京临时政府至此夭折。从4月3日起，在胡汉民等人陪同下，到上海、武汉、福州、广州以及华北各地考察，并就"社会革命""平均地权""振兴实业""铁路国有"等问题发表演说。8月，应袁世凯邀请，到北京与袁"商谈国是"。9月9日，被袁任命为全国铁路督办。在京期间，同盟会改组为国民党，被推为理事长，但其兴趣在铁路建设，不久即将国民党理事长一职交由宋教仁代理。10月14日，在上海正式成立中华铁路总公司，同时设立了铁路督办办事处，表示要在十年内修筑二十万里铁路。

### 1913年　48岁

为了实现修筑二十万里铁路的理想，1913年2—3月间，以前中华民国总统和"全国铁路督办"的身份到日本考察。3月20日，发生国民党代理理事长宋教仁在上海车站被刺杀事件。3月25日，由日本回到上海，力主"武力倒袁"，但以黄兴为代表的其他国民党领导人则主张"法律倒袁"。与国民党内部因分歧而举棋不定相反，袁世凯则下决心要以武力消灭国民党人。7月，"二次革命"爆发，但因国民党内部不统一，再加上敌我力量悬殊，民心思稳，不到两个月即遭失败，再次成为通缉"要犯"，在国内无法安生，去了日本。

### 1914年　49岁

鉴于民国成立后党内纪律涣散，行动不能统一，以致"二次革命"迅速失败的沉痛教训，于6—7月间将国民党改组为中华革命党，并被选为总理。中华革命党成立后，即开始了维护民主共和、反对袁世凯专制统治的斗争。9月，仿照同盟会制定的《中国同盟会革命方略》，制定了中华革命党的《革命方略》。

### 1915年　50岁

连续发表声明和文章，反对袁世凯承认日本灭亡中国的二十一条，反对袁世凯复辟帝制的活动，并先后派陈其美、居正、胡汉民、于右任等回国，分别组建中华革命军东南军（上海）、东北军（青岛）、西南军（广州）和西北军（陕西三原）四个总司令部，组织和发动反袁战争。据不完全统计，仅这年的下半年，中华革命党发动的起义就有十多次。这些起义由于规模小，没有深入发动民众，都相继归于失败。10月，在日本东京与宋庆龄结婚。

### 1916年　51岁

先是1915年12月12日，袁世凯宣布称帝，改中华民国为"中华帝国"，民国五年（1916）为"洪宪元年"。1月1日，袁世凯正式登基。袁世凯的倒行逆施，遭到了全国人民的反对。1915年12月25日，云南都督唐继尧以及蔡锷、李烈钧通电全国，宣布云南独立，并组织护国军讨伐袁世凯，"护国战争"爆发。孙中山领导的中华革命党是"护国战争"中的一支重要力量。3月22日，陷于四面楚歌的袁世凯被迫宣布取消帝制。4月27日，由日本启程回国，就近领导反袁斗争。6月6日，在全国人民的唾骂声中，众叛亲离的袁世凯一病不起而亡。护国战争取得了胜利。

### 1917年　52岁

袁世凯死后，黎元洪继任总统，段祺瑞出任国务总理。不久，因对德参战问题，发生府（总统府）院（国务院）之争。7月1日，张勋以调停府院之争为名率兵入京，拥废帝溥仪复辟，遭到了全国人民的一致反对。发表《讨逆宣言》，阐明"此次讨逆之战，匪特为民国争生存，且为民族反抗武力之奋斗"。张勋的复辟闹剧仅上演了12天就宣告失败。段祺瑞再次上台后，以辛亥革命以来的民国已被张勋复辟所埋葬为借口，毁弃《临时约法》，拒绝召开旧国会，企图用武力统一全国，建立专制独裁统治。为了维护作为民国象征的《临时约法》和旧国会，发动并领导了一场护法运动。8月25日，在广州召开非常国会，决定成立中华民国军政府。9月1日，军政府在广州成立，被推选为大元帅。桂系军阀陆荣廷和滇系军阀唐继尧被推为元帅。不久，支持和推动粤、桂、湘三省组成联军。10月，联军挥师北伐，与北洋军激战于湖南的衡山、宝庆一带。

### 1918年　53岁

护法军政府成立不久，其内部就陷入了严重的政治危机。陆荣廷和唐继尧只是出于对抗段祺瑞的武力统一和扩充自己地盘需要，才表示支持孙中山领导的护法运动。因此，自军政府成立之日起，他们就对军政府百般刁难。是年1月，陆荣廷策划成立所谓"中华民国护法各省联合会"，以取代军政府。但因孙中山和其他方面的坚决反对，这一阴谋没能得逞。4月10日，陆廷荣又伙同唐继尧通过收买部分国会议员，使非常国会第十七次会议通过了改组军政府的《中华民国军政府组织大纲修正案》，决定取消大元帅一长制，实行七总裁合议制。5月4日，愤而辞去大元帅职。20日离开广州，8月30日经日本回到上海，住莫利爱路27号。从此深居简出，发愤著书，反思"二次革命""护国战争""护法运动"等历次斗争失败的教训，继续从理论上探索救国救民的道路，并于12月23日完成《孙文学说》一书的写作。

### 1919年　54岁

继续居上海。五四运动爆发后，明确表示支持学生爱国行动，并打电报给北京段祺瑞政府，要求无条件释放全部被捕学生。8月1日，为开展政治思想的宣传和支持方兴未艾的新文化运动，命朱执信、廖仲恺等人创办《建设》月刊，并亲撰发刊词，以"激发新文化，灌溉新思想"。10月

10 日，经过慎重考虑，将中华革命党正式改组为中国国民党（加"中国"二字，与民初国民党加以区别），废除旧总章，采用新规约，以"巩固共和，实行三民主义为宗旨"。

### 1920 年　55 岁

再次发起护法运动。6 月 29 日，派朱执信等到漳州督促率粤军驻扎福建的陈炯明回粤讨伐盘踞广州的桂系军阀。8 月 16 日，粤桂战争正式开始，10 月 29 日粤军克复广州。11 月 28 日，孙中山乘船自上海抵达广州。翌日，即重组军政府，宣布继续执行护法职务。随后，拥护孙中山的部分国会议员也陆续到达广州，准备重新召开国会非常会议。

### 1921 年　56 岁

经历过第一次护法运动的失败，认识到具有临时性质的军政府不能"平定西南，巩固民国基础"，要达此目的，"必须建立正式政府"。4 月 7 日，非常国会通过《中华民国政府组织大纲》，并选举孙中山为非常大总统。5 月 5 日正式就职，发表对内对外宣言。6 月，命令粤、赣、滇、黔各军联合讨伐桂系。由于百姓支持，讨伐军只用了三个月时间就占领了广西首府南宁和桂军的最后据点龙州，陆荣廷逃往越南河内，广西平定，两广实现统一。同年 10 月，非常国会通过出师北伐案。12 月，设北伐大本营于桂林，计划取道湖南，出师北伐。同月 23 日，在桂林接见苏俄专使马林。马林向其建议：（一）要有一个联系各阶级特别是联系工农群众的政党；（二）创办军官学校，建立革命军队。

### 1922 年　57 岁

1 月，北伐军共四万余人组成 7 个军团，待命出发。2 月 3 日，以大元帅名义颁发北伐动员令。但北伐令遭到时任广东省省长和粤军总司令的陈炯明的反对。4 月，根据形势的变化，改设北伐大本营于广东韶关。北伐军随即兵分三路，向江西北洋军发动攻击。6 月 11 日，为确保后方安全，率卫队从韶关大本营回到广州。6月13日，北伐军攻克江西南部重镇赣州，接着又乘胜追击占领吉安。然而就在北伐军捷报频传之时，广州却发生了陈炯明的叛乱。6月16日，陈炯明指使部队围攻总统府，炮击粤秀楼，欲置孙中山于死地。幸亏在叛军发动总进攻前夕，孙中山被卫兵强行挽扶着离开粤秀楼并巧妙地穿过叛军的重重包围，撤退到停泊在长堤天字字码头附近的永丰舰上避难。孙中山脱险后，即调集支持其北伐主张的海军舰队炮轰叛军，以打击叛军气焰；同时又急令前线北伐军回师广州平乱。7月10日至29日，回师的北伐军与叛军激战于韶关和翁源一带，损失惨重，最后不得不放弃回师平乱的计划，向江西、湖南边境退却。孙中山在反击叛军两个月后，得到北伐军回师失利的确信，已知自己继续留在广州海面于事无补，便于8月9日怀着沉痛的心情，乘英舰"摩轩号"离开广州。同月18日，发表《告国民党同志书》，陈述陈炯明叛变的始末。23日，会见中国共产党代表李大钊、林伯渠，讨论"振兴国民党以振兴中国"等种种问题。25日，经李大钊的介绍，与苏俄特使越飞会谈。9月4日，在上海住所召集会议，邀请共产党人参加，商讨改组国民党问题。6日，任命陈独秀等五人为改进案起草委员。11月15日，在上海召集国民党代表50余人讨论改进党务案。12月16日，第三次召集各省代表开会，讨论修改已起草的中国国民党改进案宣言以及《中国国民党党纲》和《中国国民党党章》。

### 1923年　58岁

1月1日，发表了以改组国民党为主要内容的《中国国民党宣言》，提出反帝、反封建和改善工农生活等新方针，并对民族、民权、民生"三民主义"作了新的阐述。17日，在上海与新任苏俄驻华全权大使越飞开始会谈，商讨改组国民党与建立军队以及苏俄与共产国际援助中国革命和反对帝国主义等问题。26日，发表《孙文越飞宣言》。在此前后，指挥拥护自己的军队回师广东，击溃陈炯明叛军，重建广东革命根据地。2月21日，自上海到达广州，第三次在广州建立政权，被推为陆海军大元帅，3月2日正式建立大本营。广东革命政权重建后，继续其改组国民党的准备工作。4月1日，指令正式恢复国民党广东支部。8月16日，派出以蒋介石为团长，张太雷、李章达、沈玄庐等为团员的"孙逸仙博士代表团"赴苏联考察党务、政治和军事，并洽谈苏联援助问题。10月18日，聘请来广州的苏联代表鲍罗廷为国民党特别顾问，并采纳了鲍罗廷提出的关于改组国民党的具体建议。19日，委派廖仲恺、李大钊、汪精卫、张继、戴季陶5人组成国民党改组委员会。24日，设立有共产党人参加的改组国民党的执行机构——临时中央执行委员会。25日，召开国民党改组特别会议，讨论改组的必要性和改组计划。28日，临时中央执行委员会正式成立。11月12日，临时中央执行委员会发表《中国国民党改组宣言》，接着又公布了《中国国民党党纲草案》和《中国国民党章程草案》。

## 1924 年　59 岁

1924 年 1 月 20 日上午，中国国民党第一次全国代表大会在广州国立高等师范学校（今中山大学）礼堂开幕，以总理身份担任大会主席并致开幕词，指出召开中国国民党全国代表大会的目的，是要把以前的革命精神恢复起来，把国民党改组。具体来讲要做两件事：第一件，要把国民党改造成一个有力量有具体的政党；第二件，就是用政党的力量来改造国家。所以此次国民党代表大会，第一件是改组国民党的问题；第二件是改造国家的问题。下午，作《中国现状及国民党改组问题》的报告，强调改组国民党，就是向俄国学习，把混入党内的反革命分子、旧官僚和封建军阀都清洗出党，使他们不能从中破坏我们的革命。这次大会共开 10 天，通过了《组织国民政府之必要案》《中国国民党第一次全国代表大会宣言》《中国国民党总章》等重要议案。大会还选举出中央执行委员和监察委员。24

名执行委员和 17 名候补委员中，有共产党人李大钊、谭平山、瞿秋白、毛泽东、丁树德、沈定一、于方舟、林伯渠、韩麟符和张国焘等人。中国国民党第一次全国代表大会的召开和闭幕，标志着改组国民党工作的完成和第一次国共合作的正式建立。

国民党第一次全国代表大会开幕后，孙中山领导改组后的国民党为贯彻新三民主义和联俄、联共、扶助农工的三大政策，为推动全国革命形势的进一步高涨进行了艰苦卓绝的斗争。2 月 6 日，下令在广州南堤设立黄埔军校筹备处。5 月 3 日，任命蒋介石为军校校长，自兼军校总理，同时学习苏俄红军的建军原则，设立了党代表和政治工作制度，任命廖仲恺为驻校党代表。不少共产党人如周恩来、叶剑英、恽代英、肖楚女、聂荣臻等先后到军校负责政治工作或担任其他职务。6 月 16 日，出席军校开学典礼并发表《革命的基础在高深的学问》的演讲，指出创建军官学校的目的，就是要创建一种有理想的真正的革命军。8—10 月间，在广大人民的支持下，采纳共产党人的建议，迅速平定了得到英国支持的商团叛乱，挫败了帝国主义企图颠覆广州革命政府的阴谋。在平定商团叛乱的同时，决定利用江浙战争和直奉战争相继爆发的有利时机，再次组建北伐军，讨伐控制北京政府的直系军阀曹锟、吴佩孚。9 月 4 日，主持召开北伐筹备会议。5 日，发表《讨贼宣言》和《对粤宣言》。12 日，移驻韶关，主持北伐。20 日，在韶关举行北伐誓师典礼，随即参加北伐的各军按计划向湖南、江西进军，全国革命形势出现了前所未有的高涨。

在全国革命形势进一步高涨的推动下，10 月 23 日，北洋军直系将领冯玉祥等发动北京政变，囚禁贿选总统曹锟，并电邀孙中山北上，共商国是。27 日，复电冯玉祥，"拟即日北上，与诸兄晤商"。11 月 10 日，以国民党总理的名义发表《北上宣言》，重申了反对帝国主义和军阀的主张，"对外要消灭帝国主义在中国的势力，使国家独立自由可保；对内要消灭军阀势力，使民治之基础莫能动摇"，并提出了解决当前时局的方法，就是"召集国民会议，以谋中国之统一与建设"。13 日，偕夫人宋庆龄乘永丰舰离粤北上。14 日，到香港转乘春阳丸轮船经上海，取道日本到北京。北上途中，到处受到人民的热烈欢迎。12 月 4 日到达天津后，由于过度的疲顿和多年的忧愤积劳，终于一病不起，但为了实现《北上宣言》的主张，是月 31 日抱病乘车到了北京。同日发表《入京宣言》，重申北上入京的目的："非争地位权势，乃为救国。"

### 1925 年　60 岁

这时北京的局势已发生重大变化，段祺瑞已将冯玉祥挤走，以中华民国临时总执政的身份控制了北京政府。段祺瑞重新上台后，即积极筹备召开分赃的善后会议，并乘孙中山在天津生病卧床不起之际，于 1924 年 12 月 24 日抢先公布了善后会议条例。根据这个条例，广大工农群众和人民团体被排除在会议之外，参加会议的绝大多数都是旧官僚、军阀和投机政客。对段祺瑞这种倒行逆施进行了坚决斗争，多次发表谈话表明自己的反对态度，并于 1925 年 1 月 31 日，决定国民党拒绝参加善后会议。2 月 2 日，国民党中央执委会根据孙中山的指示，向全党发出了国民党员拒绝参加善后会议的通知。

到北京后，病情迅速恶化。1 月 26 日，转到协和医院，确诊为肝癌晚期。2 月 28 日，由协和医院转到铁狮子胡同行辕，采用中医疗法。尽管医生一再叮嘱不要会客，不要谈话，应静心休养，但为了中国的前途，仍在病榻上坚持工作，发表书面谈话，拟定致段祺瑞的反对善后会议的电报，真正做到了"鞠躬尽瘁，死而后已"。1925 年 3 月 12 日 9 时 25 分，中国一代伟人孙中山走完了他那充满艰辛、传奇、挫折、奋起的人生旅程，在北京东城铁狮子胡同 5 号住处（今地安门东大街 23 号"孙中山逝世纪念堂"）与世长辞。